RÄUME MIT PATINA

RÄUME MIT PATINA

WOHNEN IM STIL VERGANGENER EPOCHEN

Text von Barbara Stoeltie

Fotos von René Stoeltie

Aus dem Englischen von Claudia Brusdeylins

Gerstenberg Verlag

Aus dem Englischen von Claudia Brusdeylins

Die Originalausgabe erschien 1998 unter dem Titel *Rooms to Remember: Interiors Inspired by the Past* bei Frances Lincoln, London.

Satz: Gerstenberg Druck GmbH, Hildesheim
Printed in Singapore
ISBN 3-8067-2862-3

SEITE 1: Ein altschwedisches Stilleben von Lars Sjöberg aus einem Louis-quinze-Kerzenhalter, einem Stapel Bücher und der Nachbildung eines Trinkglases aus dem 18. Jahrhundert.

VORHERIGE DOPPELSEITE: Wo einst Resopal, Plastik und Spiegelwände regierten, schuf Frédéric Méchiche ein elegantes Zimmer in klassizistischer Manier.

RECHTS: Diese Sammlung antiker blauweißer Teller schmückt eine Speisezimmerwand in John Saladinos Landhaus in Connecticut.

Inhalt

EINE VORLIEBE FÜR DIE VERGANGENHEIT

Ich war stets auf der Suche nach Schönheit. Mich faszinierten nicht so sehr die Häuser selbst als ihre Atmosphäre – ihre Möbel, ihre Geschichte, ihre Gärten. Man konnte nie genau sagen, was ihren Zauber eigentlich ausmachte, er war zu flüchtig, aber in Häusern wurde ich am häufigsten fündig ...

Nancy Lancaster

Ähnlich wie Nancy Lancaster hatte auch ich von klein auf ein ausgeprägtes Interesse an Interieurs. Meine Kindheit verbrachte ich – kurz nach dem Zweiten Weltkrieg – bei meiner Urgroßmutter in Flandern. Sie bewohnte ein Genter Kutscherhaus aus dem 18. Jahrhundert, das hinter einem ziemlich vornehmen *hôtel particulier* im reinsten Louis-quinze-Stil stand. Die Inneneinrichtung des urgroßmütterlichen Hauses ist mir selbst im Detail noch so gegenwärtig, daß ich sie mir auch ohne eine Tee-und-Madeleine-Erfahrung à la Proust vor Augen führen kann: Da sind die schwarzweißen Marmorkacheln in der Eingangshalle, die kleine runde Nische im olivgrünen Korridor, wo aus einem schweren Messinghahn auf Wunsch stets frisches Wasser sprudelte, das Labyrinth aus winzigen Zimmern und nicht zuletzt die wuchtigen gußeisernen Öfen.

Meiner Urgroßmutter war die Inneneinrichtung ihres Hauses allerdings völlig gleichgültig. Wie eines jener Tiere, die es vorziehen, sich in der verlassenen Behausung einer anderen Spezies häuslich niederzulassen, hatte sie sich an die von den Vorbewohnern gestalteten und eingerichteten Räume gewöhnt und fühlte sich dort offenbar zu Hause. Das Leben mit dieser furchteinflößenden Person, die mit einem Fuß noch im 19. Jahrhundert stand, war eine unvergeßliche Erfahrung. Meine Kindheit bestand fast ausschließlich aus Anachronismen: Auf einem alten Grammophon hörten wir historische Opernaufnahmen von Caruso, Beniamino Gigli und von Chaliapine und Nellie Melba (nach der das köstliche Pfirsich-Melba-Eis in Grand-Mères Lieblingscafé benannt war), und unsere Lektüre bestand aus *Onkel Toms Hütte* und *Der kleine Lord*. Die einzige Abwechslung waren die Besuche des Milchmanns mit seinem Hundekarren, des Bäckereilieferanten auf seinem dreirädrigen Gefährt und – einmal im Jahr – des Kohlenmannes, dessen klappriger Wagen von einem noch klapprigeren Brabanter Kaltblut gezogen wurde.

Ohne zu merken, daß ich nahezu ausschließlich in der Vergangenheit lebte, sog ich diese Bilder mit der meinem zarten Alter eigenen Naivität in mich auf. So entwickelte ich, ohne mir über die Eigentümlichkeit der Situation im klaren zu sein, schon früh einen scharfen Blick für stilistische Details vergangener Epochen. Die Heraufkunft der modernen Zeit war natürlich nicht aufzuhalten. Ich weiß noch, wie Anfang der 1950er Jahre eine meiner Tanten mit einem Stapel Tapetenrollen unter dem Arm ganz aufgeregt in unser verstaubtes Antiquitätenkabinett platzte und rief, das neue »Picasso«-Muster werde unser Leben verändern. Doch Grand-Mère schenkte ihr nur einen eiskalten Blick und weigerte sich entschieden, ihr schönes Heim mit diesen barbarischen geometrischen Mustern verschandeln zu lassen.

Andere Familien waren in dieser Hinsicht aufgeschlossener. Ich erfuhr allerdings erst viel später, daß in den Wohnungen der progressiveren Teile der Bevölkerung bereits die revolutionären skandinavischen Bumerangformen Einzug gehalten hatten. Die Ära der fünfziger Jahre war angebrochen. Während wir uns weiterhin an viktorianischen Werten orientierten, an Dickens und Puccini, schienen alle anderen die neuen Götter Elvis und Rock 'n' Roll zu verehren und sich von hellen dänischen Möbeln, zarten Papierlampen von Noguchi und Tante Renées vermaledeiter Picasso-Tapete verführen zu lassen. Die neuen Namen stammten aus Skandinavien und ließen sich kaum aussprechen – Poul Kjaerholm, Finn Juhl und Alvar Aalto.

LINKS: Die Vergangenheit hat auf mich von jeher einen ungeheuren Reiz ausgeübt. Bei der Gestaltung meines Hauses in Holland hatte ich die zurückhaltende Eleganz eines nordeuropäischen grand salon *des 18. Jahrhunderts vor Augen.*

Lars Sjöberg, Experte für schwedische Möbel, hat verschiedene historische Interieurs in seinen Häusern gestaltet. In dieser Eingangshalle strebte er die klare Linienführung aus der Zeit König Gustavs III. von Schweden an.

Die 1960er Jahre waren für mich geprägt von einem erbitterten Konflikt – als Heranwachsende war ich hin und her gerissen zwischen der Liebe für Grand-Mères romantische Welt und meinem wachsenden Interesse an allem, was das Etikett »modern« trug. Die nostalgische Erinnerung an das alte Kutscherhaus mit seinen exquisiten, altmodischen Zimmern wich zunehmend der Sympathie für die Bilderstürmerei der Beatles, für Mary Quant, Minirock und falsche Wimpern. Plastik regierte die Welt, und der »organische« Look aus Skandinavien wurde von aufblasbaren, durchsichtigen Möbeln und von Stühlen, Lampen und Küchenzubehör in unanständig grellen Farben abgelöst. Eileen Gray und Le Corbusier mit ihren Entwürfen aus Stahl, Chrom und schwarzem Leder waren noch nicht wiederentdeckt. Vorerst saß die stilbewußte Bevölkerung dekorativ auf Verner Pantons »Kegelstühlen« und Knolls geschwungenen Möbeln in makellosem Weiß oder suchte in einer Schaumstoff-Textil-Kreation von Monsieur Mourgue besonders futuristisch zu wirken.

Noch futuristischere Muster wie die von Vasarely und abstoßende Kombinationen von Schokoladenbraun und Orange oder Apfelgrün und Geranienrot offenbarten, daß die 1970er Jahre ebenso farbbetont wie farbenblind waren. Wände mit Paneelen aus gebürstetem Stahl, langhaarige Flokatis, die an ein durchnäßtes Schaf erinnerten, und anthropomorphe Möbel bevölkerten die moderne Wohnung. Und wer wirklich »in« sein wollte, hatte überall Plexiglas: einen Couchtisch, Beistelltische, Obelisken (die durch eine technischen Trick nachts geheimnisvoll leuchteten) und kleine Ständer, die den *objets d'art* mehr Gewicht verleihen, ihre Qualität und ihren Wert »hervorheben« sollten – alles aus Plexiglas.

Wenn es in der Innenarchitektur der 1980er Jahre dominierende Farben gab, so waren dies vor allem Schwarz und Weiß. Sie wurden von der Designerin Andrée Putman eingeführt, einer begabten Talentsucherin und Gestalterin auffälliger, strenger Interieurs. Sie gründete die Firma ECART, die sich der Reproduktion von Originaldesigns aus den 1930er Jahren widmete. So wurden zahlreiche Tische, Stühle und Lampen der seinerzeit völlig in Vergessenheit geratenen

In der Küche ihres Château de la Ferté Saint-Aubin beschwören Jacques und Catherine Guyot mit Hilfe historischer Küchenmöbel und -utensilien längst vergangene Zeiten herauf.

irischen Designerin Eileen Gray sowie Kreationen von Art-déco-Giganten wie Robert Mallet-Stevens und Jean-Michel Frank »re-ediert«. Der Begriff der »Reedition« war ein Euphemismus für die in den 1980er Jahren grassierende Kopierwut. Designfreaks, die ihr Geld unter keinen Umständen in eine einfache Kopie investiert hätten, waren nun offenbar besonders stolz darauf, dieselbe Fortuny-Lampe, denselben Eileen-Gray-Teppich und dasselbe schicke Frank-Sofa zu besitzen wie ihre Nachbarn.

Wer die Vorliebe für vulgäre Kopien nicht besonders originell fand, suchte in der sublimen und sehr ästhetischen Leere des Minimalismus Trost. Denn wer nur wenig besaß, so schien es, konnte auch nicht der Geschmacklosigkeit bezichtigt werden. Andrée Putman, den Trends stets Lichtjahre voraus, hatte bereits vor dem drohenden Despotismus des Designs und der »ständigen Angst« gewarnt, »nicht der neuesten Mode zu entsprechen«. Die Enttäuschung, nicht den neuesten Wasserkocher, die heißeste Zahnbürste oder den jüngsten Stuhl, dem brillanten Designerhirn von Philippe Starck entsprungen, sein eigen nennen zu können, veranlaßten entweder zur unaufhörlichen Suche nach Originalität oder war Anlaß zu völliger Verzweifelung.

Natürlich gab es in der facettenreichen Welt der Innenraumgestaltung auch Meister, die sich vor allem von den großen Klassikern inspirieren ließen. In den 1950er Jahren, als das Bumerangfieber auf einen gefährlichen Höhepunkt zusteuerte, präsentierten die prominenten, aus Frankreich stammenden Dekorateure Gérard Mille und Madeleine Castaing – um nur zwei zu nennen – in der führenden Zeitschrift *Connaissance des Arts* Räume, deren historisches Interieur tatsächlich täuschend »echt« wirkte. Aber Millets Vorliebe für Weiß und Gold, Samt und Seidendamast und die zahlreich verwendeten Antiquitäten schien damals nur für einige wenige Begüterte erschwinglich zu sein.

Madame Castaings raffinierte Mischung aus dem *style anglais*, dem bürgerlichen Wiener Biedermeier und dem strengen französischen Directoire erreichte ihre augenfälligste Ausprägung in ihrem Landhaus bei Chartres. Aber ihre klug komponierten »Fenster zur Vergangenheit« ließen sich

In Jacques Garcias Château Menou befindet sich dieser »authentische« Raum mit einer Kombination aus Empiremöbeln und Originalporträts. Die Vertäfelung ist einer Wandgestaltung im Pariser Hôtel de Salm nachempfunden.

nicht exportieren – außerhalb Frankreichs blieben sie ohne Einfluß.

In England hatte John Fowler, ein Connaisseur par excellence, über dreißig Jahre hinweg eine sehr persönliche Interpretation englischer Interieurs des 18. Jahrhunderts entwickelt. Fowler, der von sich selbst glaubte, die Reinkarnation Marie Antoinettes zu sein und nur seitlich durch Türen ging, um damit den ausladenden imaginären Reifrock der königlichen Kleidung anzudeuten, war ein Experte für zeitgenössische Maltechniken, *trompe l'œil* und die Restaurierung historischer Gebäude. Vor allem aber besaß er ein außergewöhnlich gutes Auge für Farben. Seine Kollegen ebenso wie seine Kunden schmunzelten über die bizarren Namen seiner Farben, die er nach einer historischen Methode aus grob gemahlenen Pigmenten selbst mischte. *Vomitesse de la Reine*, *Elephants' Breath* und die sogenannte *Caca du Dauphin* haben seither ihren festen Platz im Vokabular der Innenarchitektur. Fowlers Räume waren Meisterwerke, und seine Arbeitgeberin und Geschäftspartnerin, die legendäre Nancy Lancaster, mit der er die Londoner Firma Colefax and Fowler betrieb, beschrieb ihn als jemanden, der »etwas von schönen Dingen verstand und von ihnen angezogen wurde wie ein Falter vom Licht«.

Diese Beschreibung trifft ebensogut auf die ehrfurchtgebietende Mrs. Lancaster selbst zu. Die Erinnerungen an ihre Kindheit im geschichtsträchtigen amerikanischen Virginia übertrug sie auf ihre edlen Unterkünfte in England und schuf damit die Grundlage für den »englischen Landhausstil«. Ihr *buttah-yellah* (buttergelbes) Zimmer über den Geschäftsräumen wurde zum Inbegriff lässiger Eleganz. »Vor der Verwendung leuchtender Farben in alten Häusern habe ich mich nie gescheut«, pflegte sie zu sagen, und: »in der Sonne verblichenes Mahagoni ist wunderschön«. An Aussagen wie diesen läßt sich ihre undogmatische Einstellung zum Historismus ablesen.

Auf der anderen Seite des Atlantiks bediente sich eine ebenso ehrfurchtgebietende Dame ebenso unbefangen im Fundus der Vergangenheit. Lady Mendl alias Elsie de Wolfe, die den Beruf des Innendekorateurs überhaupt erst erfand,

In seiner Bauernstube kombinierte der niederländische Maler Cornelis Le Mair unbekümmert antike Möbel, exotische Stoffe, farbenprächtiges Porzellan und von ihm selbst nachgebaute Instrumente aus dem 17. Jahrhundert.

mixte einen ziemlich gewagten Cocktail aus Louis-Stilen in verschiedenen Weiß-Schattierungen, kombiniert mit venezianischem Barock, Stuck der 1940er Jahre, gravierten Spiegeln und mit Blattsilber dekorierten Wänden.

Edith Wharton und Ogden Codman, die neben »gepuderten« Louis-seize- und gestreiften Directoirestoffen kaum etwas gelten ließen, hätten über Elsies gestalterische Abenteuer die Nase gerümpft. Diese beiden Puristen verwandelten ihre Räume in perfekte Nachbildungen französischer *salons* aus dem 18. Jahrhundert. Ihre mit historischen Elementen ausgestatteten Interieurs täuschten dem Betrachter stets einen Zeitsprung in die Vergangenheit vor. Syrie Maughams vorsichtiges Beizen und Bleichen ihrer georgianischen Möbel und das schöpferische Spiel mit Antiquitäten und *objets d'art*, das Rose Cummings, Ruby Ross Wood, Billy Baldwin, Sister Parish und Dorothy Draper praktizierten, hätten Wharton und Codman wegen mangelnder Authentizität niemals akzeptiert. Doch auch die Entwürfe ihrer Kollegen entstanden aus dem echten Bedürfnis heraus, die Geschichte kreativ zu nutzen. So sagte Sister Parish in einem Interview: »Innovation entsteht häufig erst durch die Fähigkeit, in die Vergangenheit zurückzugehen und aus ihr zu retten, was schön, gut, nützlich und dauerhaft ist.«

Ende der 1980er Jahre führte eine fotografische »Schatzsuche« meinen Mann und mich in den Londoner Bezirk Spitalfields zum Haus von Dennis Severs. Der Amerikaner hatte ein Seidenweberhaus aus dem 18. Jahrhundert gekauft und in eine unglaublich realistische Sinnestäuschung verwandelt. Wir hatten von Räumen gehört, die aussahen, als seien sie seit georgianischer Zeit nicht mehr angerührt worden – inklusive Staub und Spinnweben. Angeblich vermittelten sie einen lebendigeren Eindruck vom damaligen Alltag als Blenheim Palace oder Versailles.

Als wir in die düstere Gasse einbogen, liefen uns beim Anblick des hohen, dunklen Hauses mit seinen blutroten Fensterläden wohlige Schauer über den Rücken. Was würde uns drinnen wohl erwarten? Und was hatte das Stroh auf dem Gehsteig zu bedeuten, was der Kanarienvogel in seinem

LINKS: Stilleben und kunstvoll arrangierte Details spielen in Räumen mit Patina eine wichtige Rolle. Frédéric Méchiche schuf in seinem südfranzösischen Heim dieses elegante Ensemble.
RECHTS OBEN: Detailansicht aus dem im oberen Stockwerk gelegenen Wohnzimmer von Dennis Severs.
RECHTS UNTEN: Eines von Ute Middelhoeks kunstvoll komponierten Stilleben.

Käfig, der an einem Fensterladen hing wie in einem Stilleben des niederländischen Meisters Carel Fabritius?

Severs' von Kerzenlicht erfüllten, Hogarthschen Zimmerfluchten und seine schaurig-schönen Ideen verschlugen uns die Sprache. Vom Himmelbett über die schweren georgianischen Lehnstühle bis hin zum Nachtgeschirr hatte er stets die richtige Wahl getroffen. Severs wollte »für alle Sinne etwas bieten: für das Auge, das Ohr und die Nase«. Er hatte keine Mühe gescheut, um den Besucher in jene Epoche zurückzuversetzen, als die wohlhabende Hugenottenfamilie Jarvis das Haus bewohnt hatte. Selbst die kitschige Geräuschuntermalung, die das Rattern einer Kutsche und die Stimmen von Mrs. Jarvis und ihren Bediensteten imitierte, konnte das Gefühl nicht vertreiben, daß H. G. Wells' Zeitmaschine hier Wirklichkeit geworden war.

Abgesehen von dieser einzigartigen Erfahrung ist es schwer zu sagen, wann genau wir auf das wachsende Interesse an historisch inspirierten Interieurs aufmerksam wurden. Wir meinen damit nicht die Mode des Antiquitätensammelns, den diskret auf dem Tisch plazierten georgianischen Kerzenhalter oder den lässig auf der Louis-seize-Bergère im Boudoir plazierten Fächer. Nein, Profis wie Laien hat eine ungeheure Leidenschaft erfaßt – kein Aufwand ist ihnen zu groß, um noch im winzigsten Detail die Vergangenheit heraufzubeschwören. Tatsache ist, das diese Leidenschaft eines Tages wohl einfach da war. War es die Auflehnung gegen den Minimalismus einer von Massenproduktion bestimmten Welt? War es Eskapismus? Oder Nostalgie?

Das Bedürfnis nach der Patina einer vergangenen Zeit ist jedenfalls deutlich spürbar. Frédéric Méchiche zum Beispiel, einer der prominentesten Designer Frankreichs, legt es in seinem alten Fischerhäuschen in Südfrankreich darauf an, »das Auge zu täuschen«: Er traktiert seine Wände mit dem Hammer und läßt sie wieder und wieder neu verputzen, bis ihre Oberfläche so aussieht, als hätte der Zahn der Zeit an ihr genagt.

Méchiche hat über die Jahre bewiesen, daß er die kompliziertesten Techniken beherrscht, um die Illusion des Alters herbeizuzaubern. Er lasiert seine Wände mit Pigmenten und Milchkaffee, bearbeitet die Kanten der Steinstufen seiner Treppe, um sie künstlich abzunutzen, er trägt eine Farbe nach der anderen auf eine Wand auf und kratzt sie wieder ab, damit der Eindruck entsteht, sie sei mehrfach überstrichen worden.

Und er ist nicht der einzige »Vergangenheitsbeschwörer«. Auch sein französischer Kollege Jacques Garcia verwandelt mit genialer Hand Ruinen in Schlösser und Schlösser in elegante Ruinen. Seine »historischen« Räume sind so perfekt gestaltet, daß man schwören könnte, sie seien authentisch. Jacques und Catherine Guyot hingegen haben mit der Leere ihres Château de la Ferté Saint-Aubin lange gerungen und es erst allmählich mit antiken Möbeln, zeitgenössischen Porträts, Himmelbetten sowie den passenden Kupfertöpfen und Küchenutensilien gefüllt.

Es bedarf weder großartiger architektonischer Voraussetzungen noch exorbitanter Investitionen, um ein historisches Ambiente zu gestalten. Nicht Geld ist die wichtigste Voraussetzung für Originalität, sondern Phantasie. Wie Jean Cocteau einmal schrieb, weckt erst der Kampf gegen Widerstände den Erfindungsgeist. So läßt sich ein Zimmer durchaus mit günstigen Fundstücken vom Flohmarkt, alten Vorhängen und einem zufällig im Sperrmüll entdeckten Tisch einrichten. Es ist die Patina des Alters, die romantisch wirkt – von den Wänden bröckelnder Putz und abblätternde Farbe können der Gipfel der Kultiviertheit sein, die Falten eines elegant dahingeworfenen Stoffs, ein Kerzenständer auf einem antiken Tisch oder ein Himmelbett vermögen sich zu einem Stil zu fügen, der wohl von der Vergangenheit kündet, sich am Ende aber als zeitlos erweisen wird.

Fast alle Menschen, deren Arbeit in diesem Buch gezeigt wird, sind Sammlernaturen und haben ein ausgeprägtes Gefühl für Geschichte, Poesie und dramatische Effekte. So wie die Antiquitätenhändlerin Ute Middelhoek, die ihre Stilleben aus blauweißem Porzellan, alten Küchenhandtüchern und Karostoffen sowie Körben mit Äpfeln komponiert. Dasselbe Gefühl steckt auch hinter den bizarren Sammlungen im Haus ihres Landsmannes, des Malers Cornelis Le Mair, wie auch hinter Lars Sjöbergs Sucht nach schwedischen Landhäusern des 18. Jahrhunderts und den exquisiten antiken schwedischen Möbeln aus der Zeit König Gustavs III., mit denen er sie ausstattet.

Dieses Buch präsentiert *Räume mit Patina* – Räume, in denen man lesen kann wie in einem historischen Roman. Daß sie gleichzeitig den Meistern der Illusion alle Ehre machen, sollte nicht weiter überraschen. Mit ihrer Hilfe möchten wir zeigen, daß es nichts Faszinierenderes gibt, als sich der Vergangenheit zu bedienen, um dem Betrachter zu schmeicheln, ihn zu verwirren und zu verzaubern. Wie die französische Dichterin und *femme d'esprit* Louise de Vilmorin einst schrieb:

> Unsere Häuser sind unsere Gefängnisse,
> wir wollen versuchen, durch ihre Gestaltung
> unsere Freiheit zurückzugewinnen.

HÄUSER MIT PATINA

EIN HOLLÄNDISCHES HERRENHAUS

Mit einer Zeitungsannonce fing es an: »Wohnung in Schloß aus dem 17. Jahrhundert zu vermieten.« Neugierig geworden, machten wir uns umgehend zur Besichtigung auf – und das war ein Fehler. Wer kann schon den Reizen eines verschlafenen Dorfes wiederstehen, mit gotischer Kirche, mit Wiesen und Obstgärten und, versteckt hinter Bäumen, einem von Gräben umgebenen Herrenhaus, das geradewegs dem Bild eines flämischen Malers entsprungen scheint?

Dem Makler hörten wir kaum noch zu. Wir waren zu

VORHERIGE DOPPELSEITE: Unser Haus im Winter.
LINKS: Die Louis-quinze-Vertäfelung im Salon erhielt einen Anstrich in einem typisch georgianischen Hellgrün, gegen das sich die Stuckarbeiten in gebrochenem Weiß absetzen. Vor dem Fenster steht ein französisches lit de repos *aus dem 18. Jahrhundert, im Vordergrund ein französischer Directoiretisch mit dazu passenden italienischen Stühlen.*
OBEN: Eine Sèvresbüste aus Biskuitporzellan, zwei alte Stiche, ein Buch und eine zarte Porzellantasse auf dem grauen Marmorkaminsims künden von der klassizistischen Vorliebe für kunstvoll arrangierte »Unordnung«.

sehr damit beschäftigt, die Schätze des Hauses zu bestaunen: die Louis-quinze-Wandtäfelung, die hohen Fenster mit ihren überwältigenden Aussichten, den Parkettfußboden, den grauen Marmorkamin und das streng gestaltete Badezimmer mit der in der Mitte plazierten Wanne. Mit einem Mal dämmerte uns, wie herrlich es sein würde, Räume so einzurichten, als sei jahrhundertelang nicht Hand an sie gelegt worden: als Illusion, als dreidimensionales *trompe l'œil.*

Zunächst brauchte es kaum mehr als eine Gipsbüste aus dem Atelier Houdons, eine altschwedische Bracketuhr und ein *à la polonaise* drapiertes Bett als Kulisse, um den flüchtigen Betrachter hinters Licht zu führen.

Auf unseren Reisen sammelten wir Möbel, deren Herkunft in vielen Fällen nicht mehr nachvollziehbar ist. Heute fragen wir uns zuweilen, wo wir dieses für die georgianische Zeit so typische Grün für die klassizistische Vertäfelung im Salon aufgetrieben haben. Die Idee für die Farbe in der Küche – ein verwaschenes Blau, dem man im 18. Jahrhundert nachsagte, daß es Fliegen abhalte – kam vielleicht aus Jacques Garcias Château Menou, oder hatten wir es in einem holländischen Bauernhaus entdeckt? Einerlei.

Ob es uns gelungen ist, das 18. Jahrhundert heraufzubeschwören? Freunde haben uns bereits gewarnt, wir würden bald nur noch in Perücken und historischen Kostümen auftreten. Wenn wir unsere Küche mit ihren altehrwürdigen Töpfen betrachten oder unser Badezimmer, in dem man meint, jeden Augenblick könne Pauline Bonaparte eintreten, wenn wir abends das romantisch schimmernde Kerzenlicht genießen, müssen wir zugeben, daß sie mit ihrer Vermutung nicht gar so falsch liegen.

OBEN: Auch mit Gegensätzen läßt sich große Wirkung erzielen, wie die Kombination aus klassizistischer Büste, Ormoulu-Kerzenhalter im Louis-seize-Stil, moderner Steinsphinx und einem Holzobelisken hier im Bad beweist.

RECHTS: An der Küchenwand hängt eine Comtoise-Uhr ohne Kasten. Der blauweiße Karostoff auf dem Louis-quinze-Sofa betont die nordische Ausstrahlung des Raumes und paßt wunderbar zu den blau getünchten Wänden und dem englischen Dreifußtisch aus dem 18. Jahrhundert. Die alten Küchenutensilien wurden mit viel Liebe zum Detail arrangiert, bis hin zu der Nachbildung eines zeitgenössischen Zuckerhutes.

EIN REFUGIUM IN DER PROVENCE

Die Stukkateure, die noch letzte Hand an die Fensterbänke im Wohnzimmer des provenzalischen Fischerhäuschens legten, sahen der Ankunft des Eigentümers mit gemischten Gefühlen entgegen. Schließlich erschien Frédéric Méchiche, bewaffnet mit einem Hammer und einem Ungetüm von Drahtbürste. Voller Entsetzen mußten die Handwerker mitansehen, wie ihre vollendete Arbeit den unsanften Schlägen des Franzosen zum Opfer fiel.

Dieser legendär gewordene Zwischenfall markierte den Höhepunkt einer neuen Phase im Werdegang des berühmten Dekorateurs, den man schon seit Jahren für seine vollendeten Interieurs feierte. Stets hatte er behauptet, daß die Côte d'Azur ihm zuwider sei. Doch einige Jahre zuvor überwand er seine Abneigung gegen die französische Riviera, um einen Freund zu besuchen, der dort eine Oase der Ruhe gefunden zu haben glaubte. Als Méchiche durch die gewundenen Gäßchen der alten Stadt mit ihrer romanischen Kirche schlenderte, fand er sich unvermittelt vor »einem kleinen, hohen Haus, von der Zeit zerfressen, ungewöhnlich schön und – zu verkaufen«.

Bei der Warnung des Maklers, die Fußböden seien »verzogen« und das Haus in einem »fürchterlichen Zustand«, spitzte Méchiche die Ohren, war er doch auf der Suche nach allem Authentischen, Unberührten. Beschreibungen wie »Luxusausstattung«, »vollständig restauriert« oder »tadellos erhalten« weckten hingegen sein Mißtrauen, ihm war es »lieber, wenn an der ein oder anderen Tür oder an den Fensterrahmen die Farbe abblättert«.

Und wo die jahrhundertealte Patina fehlte, erfand Frédéric Méchiche sie kurzerhand neu. Zunächst versetzte er die Nachbarschaft in Staunen, indem er auf eine Leiter

LINKS: Die lavendelfarbenen Wände im Wohnraum bilden den perfekten Hintergrund für die Directoiremöbel, den naturweiß gestrichenen provenzalischen Eckschrank und den gleichfarbigen Terrakottawasserspender.
OBEN: In dem Schränkchen unter der Treppe, das aus dem 18. Jahrhundert stammt, verbirgt sich ein Kühlschrank (links). Aus einem der kleinen Fenster hat man einen wunderbaren Blick über die Nachbarhäuser auf die mittelalterliche Kirche im Hintergrund (Mitte). Im Schlafzimmer fügen sich ein provenzalischer Tisch, ein mit toile de Jouy *bezogener Stuhl im Louis-quinze-Stil, ein Kerzenhalter, eine alte Karaffe und ein paar welkende Blumen zu einem Stilleben, das von Chardin stammen könnte (rechts).*

LINKS: In einer Wohnzimmerecke steht ein Louis-quinze-Stuhl mit Originalbezug aus Seidendamast. Einige Muscheln und Korallenstücke, eine Directoirewandlampe, ein Porträt aus dem 18. Jahrhundert und eine mit historischer Tapete geschmückte Holzkiste machen die täuschend stilechte Atmosphäre dieses Raumes aus.

RECHTS: Das Schlafzimmerfenster ist mit Draperien aus altem Leinen geschmückt. Der Directoirestuhl mit seinem hellen Baumwollbezug, der weiße Bettüberwurf aus der Provence, der cremefarbene Läufer aus Cogolin, das weiße Holzwerk und der Kristallkronleuchter machen den Raum hell und freundlich.

SEITE 24: Die abblätternde grüne Farbe im Treppenhaus zeigt, wie meisterhaft Méchiche die Technik beherrscht, Abnutzungseffekte hervorzurufen. Die mit Holz verstärkten Steinstufen sind original erhalten.

SEITE 25: Der Putz im Gästezimmer wurde bewußt »abgenutzt«, während die Deckenbalken unangetastet blieben. Ein Louis-seize-Stuhl, mit dem schlichten weißen Leinen eines grob gewebten, alten Bettlakens bezogen, ein provenzalischer Schreibtisch aus dem 18. Jahrhundert mit einer Directoirelampe sowie ein einfacher, schon recht blinder Louis-seize-Spiegel erzeugen eine Atmosphäre der Ruhe.

stieg und die gesamte Fassade des Hauses mit einer ockergelben Paste verputzte, sie mit übelriechendem Schlamm bewarf und dann mit schmierigem, trübem Wasser tränkte, um sie älter aussehen zu lassen. Es folgte ein Team aus Maurern, Zimmerleuten und Malern, die sich ein halbes Jahr in und an dem Haus zu schaffen machten, während Méchiche die Abbruchstätten der Region nach wiederverwendbaren Baustoffen aus dem 18. Jahrhundert absuchte.

Das Haus wurde mit Fundstücken aus der Gegend oder aus der Hauptstadt möbliert. Auf dem Flohmarkt in Toulon entdeckte Méchiche einen schönen Armoire, der sofort einen Anstrich in provenzalischem Dunkelgrün erhielt, aus Paris stammten Stühle aus dem 18. Jahrhundert sowie »erdbeercremefarbene« *toile de Jouy*. Auf dem Flohmarkt in Le Lavandou trieb Méchiche Porzellangeschirr, alte Bettwäsche und die antiken Terrakottakübel für die winzige Dachterrasse auf.

Die nüchternen Stücke aus dem 18. Jahrhundert, die originellen Gartenmöbel, abgenutzten Spiegel und Blechleuchten korrespondieren perfekt mit den beschädigten, abblätternden und verblaßten, in den Schattierungen eines alten Aquarells bemalten Wänden. Das einzige moderne Möbelstück im Haus, ein großes, bequemes Sofa, erhielt einen schlichten Schonbezug aus einem Leinenbettlaken aus dem 19. Jahrhundert. Fühlt Méchiche sich einmal von Perfektion bedroht, reagiert er energisch. Noch heute entdeckt er den ein oder anderen Türrahmen oder eine Stuhllehne, denen nach wie vor »etwas Patina fehlen«. Und sobald sein Blick auf ein zu glattes Stück Mauerwerk fällt, ist er mit Hammer und Drahtbürste rasch bei der Hand.

EIN NEUES HEIM IN NEUENGLAND

Als Sharon und Jeffrey Casdin im Herzen von Berkshire, Massachusetts, das Holzhaus aus dem 18. Jahrhundert entdeckten, war es Liebe auf den ersten Blick: Die schlichte, ein wenig strenge klassizistische Fassade, die eindrucksvolle Haustür und die elegant angeordneten Schiebefenster hatten es ihnen sofort angetan. Bei der Besichtigung stellte sich rasch heraus, daß dieses auf wundersame Weise erhaltene Relikt aus der Kolonialzeit mit seiner unverfälschten Architektur, dem Originalanstrich und den wunderschön abgenutzten Wänden eine konsequent puristische Restaurierung erfordern würde.

Nun war das großzügig proportionierte Gebäude mit seinen hohen Decken, den Ornamentfriesen und der imposanten Halle nicht gerade das, was man sich unter einem gemütlichen Wochenendhäuschen für eine New Yorker Familie vorstellt. Trotzdem zogen Sharon und Jeffrey mit ihren Kindern ein und beschlossen, die Wände mit ihrer abblätternden Farbe und ihrer jahrhundertealten Patina zunächst einmal auf sich wirken zu lassen, bevor sie sich an die Renovierung machten. Sie hatten offensichtlich eine Kostbarkeit entdeckt – ein Fenster in die Vergangenheit –, und sie waren fest entschlossen, seine verwitterte Schönheit zu erhalten.

Rat suchten sie bei einem guten und nicht allzu weit entfernt lebenden Freund, dem Innenarchitekten John Saladino, mit dem sie sich auf ein fast »archäologisches« Vorgehen einigten. Die Tapeten wurden behutsam abgetragen, die neueren Farbschichten vorsichtig von den Wänden gekratzt und – wo nötig – Naturpigmente aufgetragen, die den Originalfarben nachempfunden waren.

Das Ergebnis all dieser Bemühungen waren schließlich Räume, die nahezu museale Qualität aufwiesen. Kalkweiße Wände im Salon, ein warmer Zimtton in einem der Gästezimmer und die abgestoßenen, graugrünen Paneele im Eingangsbereich bilden nunmehr den perfekten Hintergrund für die neu bezogenen georgianischen Stühle und Sessel, eine schöne Auswahl von (echten und nachgebildeten) Shakermöbeln sowie geschmackvoll ausgewählte dekorative Objekte und indianische Artefakte.

OBEN: Das vor über zweihundert Jahren für einen Bostoner Siedler gebaute Haus besticht mit seinen Original-Schiebefenstern und dem klassizistisch gestalteten Eingangsbereich.

LINKS: Blick ins Treppenhaus – die später aufgebrachten Anstriche wurden schichtweise abgetragen, bis die ursprüngliche Farbe aus dem 18. Jahrhundert zum Vorschein kam. Mit einem Shakerstuhl und einer einfachen Holztruhe spärlich möbliert, spiegelt dieses Interieur den Stil dieser Epoche wider.

SEITE 28: Unter den zahllosen Tapetenschichten im Salon kam der ursprüngliche, kalkweiße Putz zum Vorschein. Die georgianischen Stühle sind mit einfachem weißem Baumwollstoff bezogen, den Kaminsims schmücken getrocknete Zweige, eine Steingutterrine und ein indianischer Kopfputz. Die Blaker an der Wand sind Reproduktionen von Originalleuchten aus dem 18. Jahrhundert.

SEITE 29: Die offene Tür gibt den Blick ins Gästezimmer frei. Zusammen mit dem antiken Holzvogelbauer vor dem Fenster erinnert dieses Arrangement an Gemälde von Vermeer.

Links: Die Feuerstelle im Gästezimmer gehörte zur Originalausstattung des Hauses. Auf Anraten von John Saladino wurden Naturpigmente mittels traditioneller Technik mit einem Schwamm auf die Wände aufgebracht.

Unten: Der schmiedeeiserne Kerzenhalter und der Shakerstuhl wurden originalgetreu nachgebildet, und auch die beiden Shakerhimmelbetten sind Reproduktionen. Gleichwohl vermitteln sie gemeinsam mit den altmodischen Tagesdecken und der wundervollen Patina an den Wänden ein authentisches Flair.

DEN ALTEN MEISTERN NACHEMPFUNDEN

Cornelis Le Mair, von seinen Freunden Cees genannt, ist einer der umstrittensten Maler der Niederlande. Nachdem er in seiner Heimatstadt Eindhoven zunächst eine Existenz als Bohemien geführt und anschließend einige Jahre an der Akademie der schönen Künste in Antwerpen studiert hatte, kehrte er Mitte der 1970er Jahre nach Hause zurück, wo er ein halb verfallenes, altes Bauernhaus erwarb.

Le Mairs Erscheinung ist ebenso verwirrend und anachronistisch wie seine Kunst. Mit seinen langen Haaren, seinem rembrandtschen Schnauz- und Spitzbart, seiner Jacke aus dem 18. Jahrhundert und der dazu passendem Chemise will er so gar nicht in unser Computerzeitalter passen. Seine präraffaelitischen, in Rosen und Samt erstickenden (oder völlig unbekleideten) Schönheiten in Öl sowie seine Stilleben, die denen der niederländischen Meister des 17. Jahrhunderts technisch ebenbürtig sein sollen, haben ihm sowohl Bewunderung als auch Kritik eingebracht. Bei einem solchen Exzentriker überrascht es kaum, daß er sein Zuhause mit einer eklektischen Mischung aus Trockenblumen, Federn, paillettenbesetzten oder bestickten orientalischen Stoffen und Delfter Kacheln gestaltet.

Der ein oder andere Besucher seines Hauses wird die visuellen Eindrücke nur schwer verdauen können – diese Ansammlung von Objekten und Möbeln, die gewagte Kombination aus einer reich geschnitzten Säule aus Rajasthan und dem mit den verschiedensten indischen Stoffen bedeckten Bett, den Buntglasfenstern und einer Vanitas-Komposition einschließlich vergilbender menschlicher Schädel erzeugt eine Atmosphäre, die man in der Behausung eines modernen Künstlers nicht erwarten würde. Nein, dieses Schwelgen in Makrameelampen und zarten, glitzernden Schleiern, in fernöstlicher Pracht und jeder Menge Kitsch versetzt den Besucher eher ins 17. Jahrhundert. Dazu passen die im Stil dieser Zeit bemalte Wandverkleidung, Gemälde, die von der Hand eines alten Meisters zu stammen scheinen, und von Le Mair selbst gebaute Musikinstrumente.

Mit Einbruch der Dämmerung wird die Rembrandt-Ära im Haus noch deutlicher spürbar, wenn der Maler die Lampen anzündet und Hunderte von Objekten geheimnisvoll im Dunkeln leuchten – nichts erinnert nun mehr an das 20. Jahrhundert.

OBEN: Die Gartenlaube wirkt zwar wie ein Überbleibsel einer längst vergessenen Epoche, doch Le Mair hat sie erst vor ein paar Jahrzehnten aus Altmaterialien gebaut. Heute wird hier der Nachmittagstee eingenommen.
RECHTS: In diesem wild gemusterten Wohnzimmer kommt Le Mairs designerisches Konzept voll zur Geltung. Geometrische Bodenfliesen und handbemalte Delfter Kacheln, bunte Wandteppiche und überladen dekorierte viktorianische Möbel, dazu Makramee, Lampen und Stoffe aus Indien.

ars fructus est longi
ac gravis laboris

LINKS: In eine Wohnzimmerecke baute Le Mair ein verschwenderisch gestaltetes Tagesbett. Die Zutaten: eine mit reichem Schnitzwerk verzierte Säule aus Rajasthan und ein Sofa mit orientalischen Überwürfen. Daneben selbstgebaute Musikinstrumente: Mandolinen, Drehleiern und Gitarren. Die Bleiglasfenster gehören zur Originalausstattung des Hauses.

SEITE 36: Im Schlafzimmer behängte der Künstler das Bett (Marke Eigenbau) mit durchscheinenden, paillettenbesetzten Saris aus Indien. Unter dem orientalischen Patchworküberwurf verbirgt sich ein viktorianischer Tisch. Ein Bauernstuhl aus dem 19. Jahrhundert erhielt einen ähnlichen Bezug. Der Fußboden ist mit einem Sammelsurium von Läufern ausgelegt.

SEITE 37: Das Badezimmer (oben rechts) strahlt dieselbe Atmosphäre von haute bohème *aus wie der Rest des Hauses. Ein bestickter Baldachin (einst Teil eines indischen Zeltes) schmückt das Waschbecken. Die Petroleumlampe ist aus Milchglas, der Steingutkrug ist den Gefäßen nachempfunden, die auf Stillleben aus dem 17. Jahrhundert zu sehen sind.*

Die Malerarbeiten im Haus stammen von Le Mair selbst. Die Schrankfüllungen und Fliesen in der winzigen Küche (unten rechts) dekorierte er mit Blumendarstellungen. Altmodische Geschirrtücher, indische Fähnchen und alte Küchenutensilien hängen von den Deckenbalken herab; in den Regalen haben alte Küchenartikel, Dosen und Gläser Platz gefunden. In der Kaminöffnung steht ein schmiedeeiserner holländischer Ofen.

Im Vorraum zu einem der Ateliers (oben und unten links) wird man von indischen Stoffen und bunten Mustern optisch förmlich erschlagen. Decke und Wände sind fast lückenlos mit alten exotischen Textilien behängt. Unter dem Dachfenster wartet ein Harmonium bereits darauf, von Le Mair kunstvoll dekoriert zu werden.

EINE SCHEUNE IN SUFFOLK

OBEN: Die Holzverkleidung bildet eine ausgezeichnete Kulisse für Keith Skeels schmiedeeiserne viktorianische Gartenmöbel.
RECHTS: Das schlichte Mauerwerk mit dem antiken Steinwaschbecken ist ein Eigenentwurf von Skeel. Er besorgte auch die alten Messingarmaturen. Auf dem für Suffolk typischen Backsteinfußboden steht ein großer Teebehälter. Eine Petroleumlampe, Küchengerätschaften aus Messing, ein Stuhl aus Kiefernholz, mit Brandmalerei geschmückte Regale und ein viktorianisches Tellerbord vervollständigen das Bild.
SEITE 40: Der mit reichem Schnitzwerk verzierte Eichenstuhl in der Küche stammt aus der Zeit um 1840, der Holzkübel leistete einst in Frankreich bei der Weinlese seine Dienste. Neben der Steintreppe steht ein viktorianischer Türstopper in Stiefelform.
SEITE 41: Auf der anderen Seite zieht ein uralter französischer Vogelbauer auf einem Kieferntisch die Blicke auf sich.
SEITEN 42 UND 43: Der ehemalige Heuboden dient heute als Wohn- und Schlafraum. Das Interieur ist unprätentiös: eine Kneipenbank aus Kiefernholz und Raphiabast und ein zu einem Tisch umfunktioniertes altes Hühnergatter. Auf den Querbalken werden alte Zinn- und Messingutensilien präsentiert.

Mitte der 1980er Jahre verliebte sich der Londoner Antiquitätenhändler Keith Skeel in die Landschaft der englischen Grafschaft Suffolk, als er dort Freunde besuchte. Schon wenige Monate später hatte er ein Haus aus dem 19. Jahrhundert ausfindig gemacht. Es lag auf einem Hügel in Peasonhall in der Nähe von Saxmundham, hatte einen quadratischen Grundriß, langgezogene Fenster im Erdgeschoß und einen schmiedeeisernen Balkon, der Erinnerungen an eine alte Pflanzervilla in den amerikanischen Südstaaten weckte. Skeel gestaltete seine Neuerwerbung in dem für ihn typischen, durch viele viktorianische Details ausgezeichneten Stil.

Die geräumige Scheune hinter dem Haus stand leer, Generationen von Eulen hatte sie Schutz geboten. Skeel erkannte auf den ersten Blick ihr Potential als Gästehaus, was ihm Gelegenheit bot, auch seine Fähigkeiten als Designer verhalten rustikaler Interieurs unter Beweis zu stellen.

Doch zunächst einmal mußte der Innenraum der Scheune neu aufgeteilt werden. Im Erdgeschoß war genügend Platz für die Einrichtung einer romantischen, altmodischen Küche mit abgenutzten Waschbecken, Kiefernholzregalen und einer steinernen Wendeltreppe. Den ehemaligen Heuboden mit seinem komplizierten, geometrischen Gefüge alter Balken im Dachstuhl beließ Skeel in seinen ursprünglichen Ausmaßen und richtete ihn als kombinierten Wohnschlafraum ein. Die Wände wurden sorgfältig restauriert, neu geweißt und einer Spezialbehandlung unterzogen, um sie älter wirken zu lassen.

Für die Innenausstattung konnte sich Skeel aus dem vielfältigen Angebot seiner Antiquitätenhandlungen bedienen: Messingkessel, Mörser, Quilts und bemalte Eckschränke. So korrespondiert heute die schlichte, strenge Linienführung der Stühle und Bänke mit glänzenden Messingobjekten, einem antiken Messing-Mahagoni-Bett, romantischen Stickereien, verblichenen Läufern und einer umfangreichen Sammlung von Zinnkännchen und -tellern. Alles in allem vermittelt das Haus den Eindruck eines gut erhaltenen, ländlichen Refugiums für einen Gentleman.

RÜCKZUG NACH CONNECTICUT

Als der Innenarchitekt John Saladino und seine Frau Virginia das Haus im Nordwesten Connecticuts entdeckten, waren sie hingerissen von der Schönheit seiner Architektur. Auch die offensichtlich dringend notwendigen Restaurierungsarbeiten schreckten sie nicht davon ab, das Haus zu kaufen. Das offenbar nach den auf dem Grundstück zahlreich vorkommenden Rotkehlchen (engl. *robin*) benannte Robin Hill stammt aus den 1920er Jahren und verbindet Luxus im Great-Gatsby-Stil mit der Eleganz des georgianischen Zeitalters. John Saladino perfektionierte und ergänzte die Architektur, baute weitere Räume an und fügte einige Elemente hinzu: Lünetten im georgianischen Stil, ein wunderbares *œil-de-bœuf* und eine aus einem abgelegenen Landhaus gerettete frühe amerikanische Wendeltreppe. Heute strahlt Robin Hill mit seiner langgezogenen Fassade, der Loggia und dem romantischen Garten mit seinen Formschnitt-Gewächsen und architektonischen Schmuckstücken die unaufdringliche Eleganz des späten 18. Jahrhunderts aus.

Als Experte für historische Farben und traditionelle Maltechniken und mit seinem verblüffenden Farbempfinden gestaltete Saladino einige sehr persönlich anmutende Räume. So kann man dort zum Beispiel die umwerfende Kombination von »Grautönen mit veilchenblauer Note« und blassem Lavendel oder ein gedämpft rostrotes Ocker mit Naturweiß und der Farbnote »Himbeereis« bestaunen. Im Speisezimmer »vermählte« er einen klassizistischen Kamin, Silberarbeiten aus dem 18. Jahrhundert und italienisches Steingut erfolgreich mit einem Kunstwerk von Cy Twombly und neu bezogenen Sesseln. Im Wohnraum fühlen sich ein sensationeller Kamin von Grinling Gibbons und zwei Chippendale zugeschriebene Bücherschränke in der Gesellschaft von bequemen modernen Sitzgelegenheiten und Fresken mit Gartenmotiven durchaus wohl. Saladino hat sich zwar sowohl vom georgianischen England als auch vom alten Rom inspirieren lassen, doch seine Interpretation der Geschichte schließt die Annehmlichkeiten des modernen Lebens nicht aus.

OBEN: Das Haus wurde zwar in den 1920er Jahren erbaut, doch Saladino verlieh diesem Schmuckstück die Aura des 18. Jahrhunderts.
RECHTS: Im »Allerheiligsten« bilden die aus einem anderen Haus gerettete, antike Kieferntäfelung und das Altrosa der Wände eine schöne Kulisse für die amerikanischen Landhausmöbel und den kostbaren Stuhl aus Irland.

Social Gardens
PATIOS AND GARDENS OF MEXICO
TISSE

LINKS: Saladino versteht es meisterhaft, verschiedene Perioden und Stilrichtungen zu einem geschlossenen Ganzen zusammenzufügen. Der großzügig bemessene Salon von Robin Hill illustriert eindrucksvoll sein Credo »Auf die Farben kommt es an«: verblichene alte Teppiche, zwei erlesene Bücherschränke von Chippendale, schwere Lehnstühle aus der Kolonialzeit, Korbstühle im Louis-seize-Stil, ein atemberaubender Grisailleparavent aus dem frühen 19. Jahrhundert und schließlich Textilien aus altem Samt, verblichener Seide und einfacher Baumwolle.

SEITE 48: Die Wände im hellen Lavendelton und der Kamin im klassizistischen Adam-Stil (nach Robert Adam) lassen Johns und Virginias kostbare Sammlung himbeerfarbener Lüsterware und eine prächtige Steingutvase aus dem 18. Jahrhundert prächtig zur Geltung kommen.

SEITE 49: Der Sommer-Speisesaal: Saladinos selbst entworfene, moderne Sessel harmonieren hier mit einem Tisch aus dem 18. Jahrhundert, antiken Kerzenhaltern, einer bemerkenswerten blauen klassizistischen Vase, antiken Porzellantellern und einer ungewöhnlichen indischen Laterne aus dem 18. Jahrhundert. Die mit einem Wolkenmuster verzierte, gewölbte Decke betont den italienischen Charakter des Zimmers.

DER ERSTE EINDRUCK

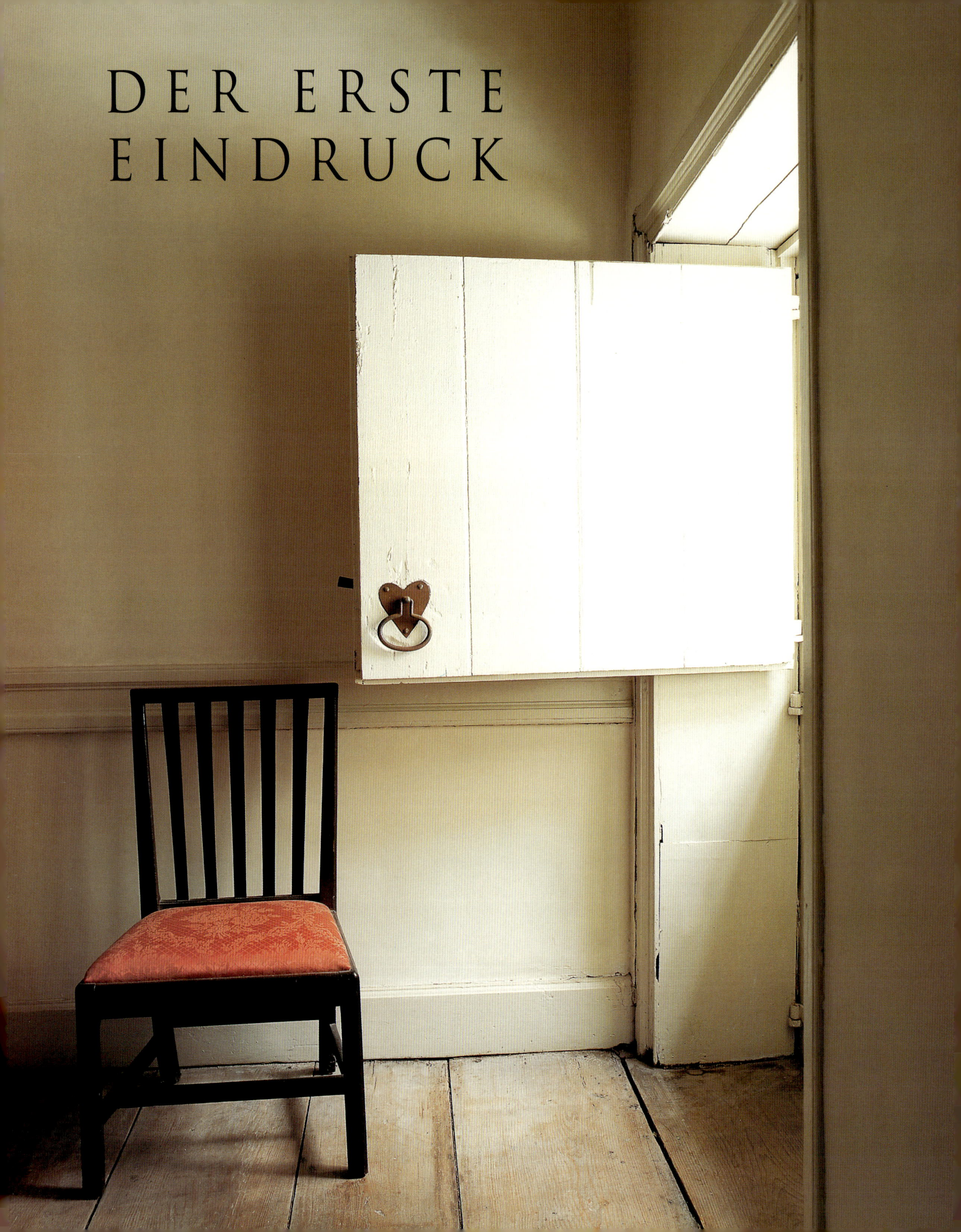

Der Eingangsbereich eines Hauses ist seine Visitenkarte, ein Umstand, der Architekten und Dekorateure von alters her zu Höchstleistungen beflügelt hat. Schließlich ist es nur zu verständlich, daß wir des Nachbarn Geschmack (oder seinen Mangel an demselben) beurteilen, sobald wir über seine Schwelle treten. Während wir den Fußboden, die Standuhr in der Ecke, das geschwungene Treppengeländer oder die Farbe der Wände mit kritischem Blick begutachten, machen wir uns insgeheim bereits auf die Herrlichkeiten oder Scheußlichkeiten gefaßt, die uns bevorstehen mögen.

Leider gibt es kein Zeugnis von der Reaktion Ludwigs XIV., als er im Juli 1660 zum erstenmal die Vorhalle von Fouquets Château Vaux-le-Vicomte betrat. Erblaßte er vor Neid, als er die mächtige Kuppel und die Reihe prachtvoller Marmorbüsten sah, und hat er seinem anmaßenden Finanzminister eine Szene gemacht? Oder lächelte er nur wissend, weil er insgeheim bereits beschlossen hatte, ihn in den Kerker zu werfen?

Im Mittelalter waren die Vorhallen gewaltig dimensioniert und zugig und deshalb häufig mit monumentalen Feuerstellen ausgestattet, mit denen man die unangenehme Kälte zu bezwingen suchte. Seit dem 17. Jahrhundert sorgten Dielenböden, mit Schnitzwerk verzierte Eichentreppen und Gobelins für mehr Behaglichkeit und Wärme. Zu dieser Zeit wurde die Halle mancherorts zu einer Art Kunstkammer umfunktioniert: Mit aufwendigen Marmorinkrustationen, Statuen oder großen Kronleuchtern ließ sich Wohlstand zur Schau stellen.

Ein solches Bild von beeindruckenden Eingangshallen vor Augen zu haben ist eine Sache, sie zu rekonstruieren ist eine andere. Vielleicht träumen wir von einer bescheideneren Version der längst nicht mehr erhaltenen *Escalier des Ambassadeurs* in Versailles und mühen uns mit farbigen Marmorblöcken ab. Vielleicht schwebt uns eine Art Sanssouci im Kleinformat vor, mit ein paar Säulen hier und da, die Wände in zartestem Grau gestrichen, ein filigraner Kristallüster an der mit Wolkenmotiven geschmückten Decke. Doch am Ende ergeben wir uns allesamt den schlichten Reizen der georgianischen Eingangshalle, mit einer Treppe, gedrehten Balustern, einem robusten Handlauf aus Mahagoni, einem bescheidenen Oberlicht und, nicht zu vergessen, dem unvermeidlichen Treppenläufer, der den französischen Herzog La Rochefoucauld bei seinem Englandbesuch in den 1780er Jahren zu dem irritierten Kommentar veranlaßte: »Überall geht und steht man auf Matten und Teppichen, und auf den Treppen liegt grundsätzlich ein Streifen groben Wollstoffs.«

Der Eingangsbereich gibt unseren Gästen den »Ton« unserer historischen Ambitionen vor. Von hier aus nehmen wir sie an der Hand, erwarten gespannt ihre Reaktion auf unsere visuellen Tricks – wie werden sie die rauh verputzten und anschließend mit Naturpigmenten behandelten Wände aufnehmen, den bei einer Auktion erworbenen schwedischen Stuhl mit Binsengeflecht, die alten Stiche vom Flohmarkt? Werden sie uns ihre Bewunderung aussprechen und uns zu diesem unverfälschten »historischen« Heim beglückwünschen? Oder schöpfen sie Verdacht, spähen vielleicht in die Nische hinter der Tür und entdecken, daß die Altersflecken der Streifentapete in Wirklichkeit von nachträglich aufgebrachtem schwarzem Tee stammen?

Nancy Lancaster – eine begnadete Künstlerin, deren Lebenswerk es war, alte Häuser »aufzumöbeln« – hinterließ uns den folgenden Bericht über die Treppe in ihrem Londoner Haus in der Queen Anne's Gate 28: »Beim Hereinkommen sah man linker Hand die Treppe: Sie war das architektonische Glanzstück des ganzen Hauses. Ihren tabakfarbenen Anstrich rührte ich nicht an, lasierte aber die seitliche Holzvertäfelung in einem ganz blassen Grünton. Das Fenster auf dem Treppenabsatz bekam zigarrenfarbene Gardinen mit fransigem Querbehang, und für den Fußboden hatte ich einen sehr hübschen Läufer aus Bessarabien gefunden, in dem dasselbe Braun vorkam ...« Ihre Worte zeigen, wie spannend es sein kann, einen Eingangsbereich, die Ouvertüre zur Sinfonie, zu komponieren.

VORHERIGE DOPPELSEITE: Gary Tinterows und James Josephs abgeschiedene Behausung. Im Flur wurde die Ausstattung auf das absolute Minimum reduziert. So kommen die uralten Dielen und die schöne Treppe voll zur Geltung. Das raffinierte Farbschema, die kalkweißen Wände und die zartgrüne Wandtäfelung beschwören die Kolonialzeit herauf. Der rote Seidendamast des frühamerikanischen Stuhls kontrastiert mit der blassen Wand dahinter.

LINKS: Bei der Gestaltung dieses Flurs in einem Herrenhaus aus der Zeit Jakobs I. in Somerset betonte Philippa Naess die architektonischen Gegebenheiten – die abgetretenen Steinplatten auf dem Fußboden und den dramatischen Lichteinfall – durch ihre zurückhaltende Möblierung. Ein Tisch aus der Entstehungszeit des Hauses und ein gerahmter Henry-Moore-Druck geben den Ton an, ein Stuhl mit Cabriolebeinen und eine Messinglaterne komplettieren dieses Arrangement zeitloser Schönheit.

RECHTS: Unbeeindruckt von den beengten Verhältnissen in diesem Flur in Paris, stattete ihn der Antiquitätenhändler Serge Hubert mit Stücken aus, die man eher aus größeren Räumen kennt, und der Erfolg gibt ihm recht. Eine Marmortazza aus dem frühen 19. Jahrhundert auf einer Scagliolasäule wird flankiert von zwei klassizistischen schmiedeeisernen Hockern. Ein großer Spiegel, zwei Ormoulu-Wandleuchter und eine glockenförmige Lampe ergänzen das strenge Ensemble im Directoirestil.

SEITE 56: Die Eingangshalle in Anna und Günther Lamberts Schloß aus dem späten 18. Jahrhundert. Die strenge Eleganz der Marmorfliesen und der imposanten Treppe mit ihrem schmiedeeisernen Geländer findet in dem verwaschenen, in Lasurtechnik aufgetragenen Ockerton der Wände und dem warmen Farbton der abgebeizten Holztüren einen sanften Gegenpart. Ein Treppenläufer sorgt für einen angenehmen Aufstieg, während schmiedeeiserne Sessel, ein Tisch und ein vergoldeter Spiegel den Flur beleben.

SEITE 57: Die Einrichtung einer Diele erfordert die gleiche Aufmerksamkeit wie für andere Räume auch. In diesem Vorraum zum Wintergarten ihres im 19. Jahrhundert gebauten Hauses in Südholland schufen Karel und Will Leenaers einen schönen Blickfang. Über dem mehrfarbigen italienischen Konsoltisch aus dem späten 18. Jahrhundert hängt ein englisches Porträt aus einer noch früheren Epoche. Mit dem großen antiken Steingutgefäß, den beiden Sturmlampen und den Topfpflanzen entsteht ein zauberhaftes Stilleben, das sich perfekt in das zarte Farbschema einfügt.

SEITE 59: Als Frédéric Méchiche dieses Château in der Normandie zum ersten Mal sah, stand er vor vier nackten Wänden ohne Dach und einem verrottenden Fußboden. Alles – auch dieses Treppenhaus – mußte erneuert oder »hinzugefügt« werden. Die »historische« Holztreppe wurde mit einer Schleifmaschine »ausgetreten«. Auch die Steinfliesen mit den schwarzen Marmorrauten sind neu. Das einzige echte Stück aus alter Zeit ist das Louis-seize-Barometer.

OBEN LINKS: Der französische Innenarchitekt Didier Rabes gestaltete die Haupttreppe eines Landhauses aus dem 18. Jahrhundert um, indem er in diesen speicherartigen Raum (der früher zu Madeleine Vionnets Modestudio gehörte) eine Treppenflucht mit schmiedeeisernem Geländer, einen traditionellen Steinfußboden mit schwarzen Rhomben und dazu einen Spiegel in Form eines œil-de-bœuf *integrierte. Rabes scheut sich nicht vor der Verwendung architektonischer Elemente aus Stuck oder gar Harz, getreu seiner Maxime, alles ist erlaubt, wenn es nur zur Illusion beiträgt.*

MITTE LINKS: Ein leuchtendes Orangerot erhellt diesen düsteren Eingangsbereich in einem französischen Landhaus. Ein englischer Dielenstuhl aus dem 19. Jahrhundert, eine historische Treppe mit schmiedeeisernem Geländer und eine alte Jagdtrophäe stehen in lebhaftem Kontrast zu der farblichen Gestaltung der Wände. Die Verwendung kräftiger Farben war im 18. Jahrhundert durchaus üblich.

UNTEN LINKS: In diesem Flur eines charmanten französischen Hauses im Directoirestil geben die weiß getünchten Wände und die dunkelgrün gestrichene Treppenverkleidung einen perfekten optischen Hintergrund für die Terrakottabüste des Apoll von Belvedere, die blankpolierten Stufen, den hölzernen Handlauf und den glänzenden Kupferknauf der zeitgenössischen Treppe.

LINKS: Auch Treppenabsätze, Dielen und Vorräume können wahre Schatzkammern sein. So hat Ute Middelhoek diesen Treppenabsatz als zusätzlichen Raum genutzt und ihn mit antiken Möbeln, einem alten gerahmten Stoff und zahlreichen Krügen, Schüsseln und Bottichen aus Steingut und Porzellan ausgestattet. Hier fanden auch die Sammlung alter Hutschachteln sowie die französischen Pappmachéköpfe Platz, die einst zur Aufbewahrung von Perücken und Hüten dienten.

RECHTS: Dieser Vorraum im Eingangsbereich eines Hauses im amerikanischen Bundesstaat Massachusetts ist ein idealer Aufbewahrungsort für das unvermeidliche Durcheinander aus Schuhen, Gummistiefeln, Sportgeräten, Mänteln und Hüten – alles unter dem ungerührten Blick von George Washington.

GESELLSCHAFTSRÄUME

Ich befürchte, der Wohnraum wäre für die Herausgeber von *Vogue* oder *House and Garden* nichts gewesen«, schrieb Julien Green in seinen *Memories of Happy Days* (1942). »Zum einen waren die Möbel willkürlich zusammengestellt und boten einen verworrenen Anblick. Unter einem gasbetriebenen Kronleuchter stand ein riesenhaftes Chesterfield, neben der Tür ein Klavier aus dunklem Holz. Die verschiedensten Sessel waren im Halbkreis um die Feuerstelle gruppiert, offenbar in ein Gespräch über die Löcher im Kaminvorleger vertieft.«

Wenn man auf Le Corbusier schwört oder stets nach dem neuesten Design hungert, jagt einem diese Beschreibung der Pariser Wohnung von Greens Eltern vielleicht kalte Schauer über den Rücken. Menschen mit einem Sinn für romantische Effekte werden die Lektüre dieser Zeilen hingegen genießen.

Wer ein französisches Château erwirbt – sagen wir, eine Edelbehausung aus der Zeit Ludwigs XIV. –, kann natürlich die Holzvertäfelungen, die historischen Feuerstellen, das kastanienbraune *Parquet de Versailles* und die reich geschmückten Stuckdecken seelenruhig ignorieren. Es bedürfte lediglich viel weißer Farbe, einiger Sofas für den Salon, einiger Stühle und einer Designerlampe, ergänzt durch ein paar ausgesuchte moderne Gemälde, und im Nu hätte man eine verblüffende Wirkung erzielt. Soll der Raum aber wirken, als könne Madame de Maintenon jeden Augenblick eintreten, ist eine andere Strategie erforderlich. Und genau davon handelt dieses Kapitel.

Der Gesellschaftsraum (auch Salon oder, in einem bescheidenerem Rahmen, Wohnzimmer genannt) ist wohl von allen Räumen im Haus den wechselnden Modeerscheinungen am stärksten ausgesetzt, denn er ist die Visitenkarte seines Besitzers. Das Badezimmer zeigt man nicht jedem, auch die Küche nicht, ganz zu schweigen von der Intimität des Schlafzimmers, das viele vor neugierigen Blicken zu schützen trachten.

Doch das Wohnzimmer setzen wir ohne zu zögern der kritischen Prüfung durch Fremde aus, obwohl die Wahl der Farben und Stoffe, der Bilder und Ornamente, des Mobiliars und der Beleuchtung verrät, was den Besitzer im Innersten bewegt. Schlimmer noch – das Interieur fordert den Gast zu einem Urteil über den Geschmack des Gastgebers heraus. Und es ist der Geschmack – ein Begriff, um den sich Historiker, Ästheten und der Rest der kreativen Welt seit Jahrtausenden streiten –, der für gestalterische Launen und unendliche ästhetische Leiden gleichermaßen verantwortlich ist. Die diktatorische Herrschaft des Geschmacks läßt sich beispielsweise an der wechselhaften Gestaltung der Wände des Gesellschaftsraums deutlich ablesen. Von den mit »grotesken« Ornamenten verzierten Wandtäfelungen in der Renaissance über Tapeten aus Korduanleder (Goldleder) ein Jahrhundert später und Flocktapeten (Velourtapeten) oder Seidenbespannungen in der Zeit der Georgs und Ludwigs reichten die Ideen bis hin zur klassizistischen Grisaille-

SEITE 62: *In diesem englischen Herrenhaus aus der Zeit Jakobs I. schuf die Innenarchitektin Philippa Naess einen Salon, der die strenge Erhabenheit der Architektur ideal ergänzt. Üppige dunkle Samtstoffe, Kelims, Gobelins, verblichene Orientteppiche und hier und da ein antiker, hochlehniger Sessel verbreiten eine warme Atmosphäre, die Licht und Sonne nicht als Eindringlinge, sondern als Gäste willkommen heißt.*

SEITE 63: *Dieser ehemalige Treppenabsatz in einem Haus aus dem frühen 19. Jahrhundert im French Quarter von New Orleans wurde mit bunten Teppichen, Sesseln im Kolonialstil mit weißen Schonbezügen, einem freundlichen Sofa aus dem 18. Jahrhundert, einem großen Blumengemälde, cremefarbenen Wände, Jalousien und mit einem hohen englischen* Bureau Cabinet *in einen hellen, sonnendurchfluteten Salon verwandelt. Die aus Baumwolle oder Leinen leicht herzustellenden, preisgünstigen Schonbezüge erzeugen stets eine frische, sommerliche Atmosphäre.*

verkleidung im Empire und schließlich zu der gewagten Kombination all dieser Stilrichtungen im 19. Jahrhundert. Und während man seine Gäste noch gestern in einem geschnitzten, mit Samt gepolsterten hohen Lehnstuhl begrüßte, empfing man ihn einen Tag später vielleicht schon in einer voluminösen, mit Lyoneser Seide bezogenen Bergère – auch dies diktierte »der Geschmack«.

Im 17. Jahrhundert empfahlen die Geschmackspäpste, Teppiche aus den Wohnräumen zu verbannen, weil sich das Perückenpuder in ihnen festsetzte. Im 19. Jahrhundert diktierten sie üppige Bodenbeläge, um ungesunde Zugluft fernzuhalten, die man heute wahrscheinlich schon wieder als Frischluft empfinden würde. Und zu allem Überfluß verging man sich auch noch an den Feuerstellen – man verbrannte zunächst einfache Holzscheite in einem Herd, später Kohle in einem eleganten Kamin im Adam-Stil, noch später wurde alles kurzerhand herausgerissen und durch einen schmiedeeisernen Ofen ersetzt.

Hielten wir uns an die bekannte Redensart, derzufolge sich über Geschmack nicht streiten läßt, würden wir uns dem Diktat der Mode gänzlich unterwerfen. Doch wir brauchen die Freiheit, Stile und Epochen phantasievoll zu mischen. Es war dieses Freiheitsbewußtsein, daß die Schöpfer der im folgenden vorgestellten ungewöhnlichen Gesellschaftsräume leitete. Sie halten es mit Recht für legitim, ein einfaches Wohnzimmer als einen freizügigen Pariser Salon, als streng klassizistisches »Rückzugszimmer« (getreu der Bezeichnung *drawing room* nach dem englischen Wort *withdrawing* für »sich zurückziehen«) oder auch als spartanisches Empfangszimmer im Stil der Shaker zu gestalten.

Nur mit Phantasie läßt sich der Charakter eines Raums wirklich verändern. In seinem Roman *Roxana* (1724) beschreibt Daniel Defoe die gestalterischen Tricks seiner Heldin: »Ich hatte in meiner Wohnung ein großes Eßzimmer und fünf weitere Räume auf demselben Stockwerk, die ich zu der Gelegenheit sämtlich als Salons einrichtete, indem ich für diesen Tag alle Betten entfernen ließ. In drei der Zimmer hatte ich Tische stellen lassen, die mit Wein und Süßigkeiten gedeckt waren, im vierten stand ein grüner Tisch für das Kartenspiel, und das fünfte war mein Salon, in dem ich saß und alle Besucher empfing, die mir ihre Aufwartung machten.« Roxana besaß offensichtlich eine reiche Erfindungsgabe und ein sicheres Stilgefühl.

Ein Aphorismus lautet: »Der Geschmack bestimmt, was man kauft, der Stil, wo man es hinstellt.« Sich zum Stil vergangener Epochen zu bekennen und ihn wiederaufleben zu lassen bedeutet, den Staub und die Patina der Vertäfelung aus dem 18. Jahrhundert nicht anzurühren, sondern sich allein auf die passenden Möbel zu konzentrieren und notfalls so lange um die Welt zu reisen, bis man die Blaker oder Leuchten gefunden hat, die genau das richtige Licht spenden. Stil bedeutet, den Gesellschaftsraum in eine barocke Torheit zu verwandeln, in ein viktorianisches Jagdzimmer, in ein mit Schleifen und Rüschen übersätes Liebesnest oder in einen kühlen adamesken *saloon*, bei dessen Anblick selbst ein Dandy wie Beau Brummell vor Neid erblassen würde.

Wer alles daran gesetzt hat, das romantische Porträt zu bekommen, das so gut zu dem geblümten Chintz des Sessels paßt, und wer die Wechselbäder von Hoffnung und Enttäuschung einer Auktion erlebt hat, auf der er sich schließlich das Kaminbesteck gesichert hat, ohne das der Kamin nicht komplett wäre, der kennt den Kitzel, der mit der innenarchitektonischen Wiederbelebung der Vergangenheit verbunden ist. All jenen sprechen diese Zeilen aus Balzacs Erzählung *Vetter Pons* aus dem Herzen: »Seit vierzig Jahren war an der Wohnung des Doktors nichts mehr geändert worden. Die Tapeten, die Malereien, die Ausschmückung, alles trug den Stempel des Kaiserreichs. Vierzigjähriger Schmutz und Rauch hatten die Spiegel, die Täfelungen, die Tapetenmuster, die Decken und die Malereien verwischt.« Wohl kaum sonst jemand hat mit so wenigen Worten die Atmosphäre eines Interieurs mit Patina so perfekt beschrieben.

LINKS: Als die neuen Besitzer in dieses Biedermeierhaus einzogen, war der Wohnraum ihres Stadtdomizils von seiner heutigen Pracht noch weit entfernt. Im Laufe der Jahre wurden Dielen und Türen abgeschliffen und die Türfassungen mit einem bewußt etwas plump gehaltenen Marmordekor versehen. Die Wände wurden in leuchtendem Biedermeierblau gestrichen, und der Kamin verwandelte sich in eine frisch geweißte Nische mit einer dicken Säule im Stil des Klassizismus.

UNTEN: In einer New Yorker Wohnung gestaltete John Saladino diesen großen Salon in klassizistischem Stil. Schlanke Säulen strukturieren den Raum, die Wände sind in einem zarten Hellgrau gehalten, und an der Stirnseite zieht ein vergoldeter Louis-quinze-Konsoltisch die Blicke auf sich. Zwei gestutzte Lorbeerbäume, klassizistische Stühle und Hocker sowie die von Saladino selbst gestalteten, bequemen Sessel wurden in symmetrischer Ordnung aufgestellt und betonen so die strenge klassische Struktur dieses Interieurs.

LINKS: Ein Schlüsselelement für die gelungene Gestaltung eines perfekten Raums mit Patina ist der passende Kamin. Dieser Wohnraum in einem niederländischen Haus wurde mit einer unaufdringlichen französischen Feuerstelle aus Sandstein im Louis-seize-Stil ausgestattet, die mit der strengen, olivgrünen Wandverkleidung – ebenfalls neu hinzugefügt – und den hohen Originalfenstern hervorragend harmoniert. Die Besitzer verlegten den Fußboden außerdem mit Terrakottafliesen und richteten den Raum mit Möbeln und Gemälden aus der Empire- und der Biedermeierzeit ein. Kaum vorstellbar, daß dieses stimmungsvolle Gesellschaftszimmer einmal ein Kneipenraum voller Resopal und Plastik war.

RECHTS: In einem ehemaligen Bauernhaus aus dem 18. Jahrhundert gestalteten Anna und Günther Lambert dieses bezaubernde Wohnzimmer. Sie bauten eine Directoirevertäfelung ein und fügten einen schlichten Kamin aus dem frühen 19. Jahrhundert hinzu. Neuere und alte Patinas, ein gekonnt plazierter alter Weidenkorb und die ungerahmte Kopie eines Stillebens von Picasso, die sich farblich perfekt in den Hintergrund einfügt, erzeugen eine ruhige Idylle.

LINKS: Die Besitzer dieses Hauses in Massachusetts restaurierten die mit Stuckputz versehenen, weiß getünchten Wände, ohne ihre Ursprünglichkeit oder ihre alte Patina zu zerstören. Ähnlich verfuhren sie mit den Dielen, den Fensterläden und der Vertäfelung. Trotz verschiedentlich hinzugefügter moderner Möbel bleibt der für das 18. Jahrhundert typische Stil tonangebend.

OBEN RECHTS: Dieser beeindruckende Raum in einem amerikanischen Landhaus wurde kaum angetastet. Hinzu kamen lediglich ein Mezzotinto aus dem 18. Jahrhundert, ein hochlehniger Stuhl im Kolonialstil, Kaminböcke aus Messing und ein überwältigend schönes antikes Kanapee mit Original-Roßhaarpolsterung. Diese Art der Polsterung wird heute noch praktiziert, nicht nur im traditionellen Schwarz, sondern in einer vielfältigen Farb- und Musterpalette. Der nackte Holzfußboden betont die karge Schönheit des Raumes.

UNTEN RECHTS: Die Eigentümer dieser Wohnung in einem neuen, aber mit traditionellen Baustoffen und in typisch schweizerischem Stil errichteten Chalet hatten keine Ruhe, bis sie nach langer Suche in Deutschland und in der Schweiz die Pechkiefer-Wandtäfelung aus dem 18. Jahrhundert für ihr Wohnzimmer aufgetrieben hatten. Der belgische Designer Benoît Vliegen steuerte den großen Bauernschrank bei, den Beistelltisch im Louis-quinze-Stil, das moderne, bequeme Sofa und den Stuhl von Lloyd Loom.

LINKS: In diesem ehemaligen Atelier in einer Pariser Wohnung aus dem frühen 20. Jahrhundert ließ Frédéric Méchiche das 18. Jahrhundert wiederaufleben. Die österreichischen Porträts, ein selbstentworfener klassischer Parkettfußboden und der Guéridon mit Kerzenhalter spiegeln den Geschmack der Epoche perfekt wider. Das kleine Sofa und die Sessel im Louis-seize-Stil wurden nicht mit dem üblichen Seidendamast bezogen, sondern mit einem von Méchiche entworfenen, gestreiften Baumwollstoff.

RECHTS: Die reizenden Zierschnitzereien von Rokokosofas passen wunderbar zu den verschiedensten Bezügen. Ein schwedisches Louis-quinze-Sofa (oben) erhielt einen traditionellen schwedischen, blauweiß karierten Baumwollstoff. Wenngleich es sehr modern anmuten mag, Baumwollstoffe oder Seide mit Karomuster (letztere in Königspalästen und Herrenhäusern) waren in dieser Epoche sehr beliebt.

Ein italienisches Sofa aus der Mitte des 18. Jahrhunderts (Mitte), mit schwarzem Kalbsleder bezogen, bildet einen schönen Kontrast zu der geblümten Chintztapete dahinter.

Ein weiteres italienisches Sofa aus dem 19. Jahrhundert im Pseudo-Louis-quinze-Stil wurde mit einem gobelinartigen, safrangelb-schwarzen Stoff überzogen. Üppige, dunkle, kunstvoll gemusterte Stoffe scheinen sich für viktorianische Möbel sehr gut zu eignen, ebenso wie schwarze Rahmen.

SEITE 74: Die geöffneten Türen dieses großen Schrankes in der Wohnstube eines niederländischen Landhauses geben den Blick auf Steingutterrinen, Teller und blauweißes Porzellan aus dem 18. Jahrhundert frei. In den Schubladen wurde die Tischwäsche untergebracht. Zwischen dem Schrank und einem Beistelltisch mit zwei Staffordshirehunden steht ein metallenes Feldbett, aus dem mit Hilfe einer weichen Matratze und einem mit zeitgenössischem Stoff bezogenen Kissen eine bequeme Chaiselongue wurde. Solche Militärbetten sind nicht schwer aufzutreiben – Kriege gab es ja leider genug –, und die Tatsache, daß sie zusammenklappbar sind, macht sie für einen Umzug zu idealen Möbelstücken. Darüber hinaus kann man sie unkompliziert verstauen.

SEITE 75: Frédéric Méchiche liebt den Directoirestil. Im Wohnzimmer seines südfranzösischen Gästehauses kombinierte er lavendelfarbene Wände erfolgreich mit Stichen, Möbeln, einem Spiegel und einer Lampe aus seiner Lieblingsepoche. Der traditionelle Wollteppich aus Cogolin ist neu, ebenso wie die klassische Fußbank. Doch das zeitgenössisch wirkende Sofa mit seinem Drillichbezug und den dicken, cremefarbenen Kissen ist wiederum ein Metallbett im Directoirestil. Méchiche reizten an diesem Stück die schlichten, zeitlosen Linien.

EDITH WHARTON : An Extraordinary Life

LINKS: In Andrea Trulios klassizistischem Gesellschaftsraum in Rom wurde überflüssiger Zierat auf ein Minimum reduziert. Hinter einer blaßgrauen Chaiselongue mit gestreiften Kissen steht die Kopie eines römischen Tisches aus Bronze und Marmor, geschmückt mit zwei klassizistischen Marmorvasen und der Nachbildung einer Junobüste. Sie wurde beim Verkauf der Requisiten von Cinecittà erstanden, der italienischen Antwort auf Hollywood. Gipsbüsten antiker Götter und Göttinnen sind leicht zu finden, aber nur selten sind zeitgenössische Exemplare so hochwertig wie dieses.

RECHTS: Der Salon in Dennis Severs' Londoner Haus, das einst hugenottischen Seidenwebern gehörte, ist vollgestopft mit historischen Möbeln, Lampen, Porzellan, Gemälden und Stichen. Sie erzeugen eine behagliche Fülle. Severs fügte den historischen Kamin und die antike Holzvertäfelung hinzu. Die Farbe des Holzes läßt sich zwischen Cuisse de Nymphe *(Nymphenschenkel) und lachsfarben einordnen. Einschlägige Hersteller bieten ein vielfältiges Angebot historischer Farben an.*

Links: *Vor den blaßblauen Wänden dieses niederländischen Wohnraums fügen sich ein Offiziersporträt aus dem 18. Jahrhundert, ein weiß gestrichener Klapptisch, ein Louis-seize-Kerzenhalter aus Ormoulu und eine blühende Geranie in einem Holzbottich zu einem reizenden Stilleben. Geranien waren in nordeuropäischen Interieurs des 18. Jahrhunderts sehr beliebt.*

Unten: Die Kaffeekanne aus Porcelaine de Paris *mit Tasse, Untertasse und dazu passender Zuckerschale auf einem Metallguéridon im Directoirestil verwandeln diese schmucklose Ecke eines französischen Wohnraums in ein treffliches Beispiel für die bezwingende Eleganz eines historisch orientierten Interieurs.*

SPEISEZIMMER

Jemanden einzuladen bedeutet, sich um sein Wohlergehen zu kümmern, solange er unter unserem Dach weilt«, schrieb der König der Gastronomen, Anthelme Brillat-Savarin (1755–1826) in seinem Buch *Physiologie des Geschmacks oder Betrachtungen über das höhere Tafelvergnügen*. Und das Wohlergehen seiner Gäste förderte er eben nicht nur durch Köstlichkeiten wie Wachteln *à la Talleyrand*, sondern auch durch ein Speisezimmer, das seiner gastronomischen Höhenflüge würdig war. Unglücklicherweise genügten diesem hohen Anspruch Monsieur Brillat-Savarins Tischmanieren jedoch kaum. Kritiker beklagten seine Gewohnheit, zweiundzwanzig Tassen Kaffee hintereinander zu trinken, sodann ebenso viele mit Butter bestrichene Brotscheiben hinunterzuschlingen, anschließend ein saftiges Steak zu verspeisen, um zu guter Letzt die Haare spärlich bekleideter Jungfrauen als Serviette zu mißbrauchen.

Die Eßgewohnheiten und Tischmanieren waren allerdings nicht zu allen Zeiten so kultiviert wie heute – im Gegenteil. Vor der Einführung der Eßgabel durch Franz I. von Frankreich im 16. Jahrhundert versuchten die zu Tisch Sitzenden allesamt gleichzeitig, der schlüpfrigen Schenkel eines gebratenen Kapauns mit

SEITE 80: Der Tisch spielt natürlich in jedem Interieur die Hauptrolle. Der französische Designer Patrice Gruffaz verwandelte den winzigen Flur seiner Pariser Wohnung in ein elegantes, dem Directoire nachempfundenes Speisezimmer. Dazu genügten ein Tisch mit einem großzügig drapierten Leintuch, klassizistische Stühle aus den 1920er Jahren und ein auffälliger weißer Kerzenleuchter in Korallenoptik, eine Schöpfung des Argentiniers Roberto Bergero. Abgesehen von dem Porzellanservice gibt es in diesem Zimmer keine »echten« Antiquitäten.

SEITE 81: In dieser New Yorker Wohnung schuf John Saladino ein Speisezimmer von zeitloser Schönheit. Die zarten Braun-, Grau- und Cremetöne und das Naturleinen sind für dieses klassizistische Ensemble wie geschaffen und betonen die Eleganz der Wandbemalung im römischen Stil.

den bloßen Händen habhaft zu werden. Und noch im Holland des 17. Jahrhunderts, auf der Höhe des Goldenen Zeitalters, hatten die robusten Kelche, aus denen die wohlhabenden Bürger ihren Rheinwein tranken, am Stiel dicke »Glaswarzen«, damit sie ihnen nicht aus den fettigen Fingern rutschen konnten.

Heutzutage sieht es in unseren Speisezimmern gottlob nicht mehr so wüst aus wie auf den alten Stichen Hogarths, auf denen sabbernde, sturzbetrunkene Herren ihre Stühle und das kostbare Tafelservice umstoßen, um sich alsdann in ein Nachtgeschirr in der Zimmerecke zu erleichtern. Vorbei ist auch die Zeit des *Grand Couvert* in Versailles, wo Hunderte von Menschen bei der Mahlzeit der Königsfamilie das Menü und die Tischmanieren des Monarchen begutachten konnten. Die moderne Etikette beruht vielmehr auf dem *Service à la Russe* des 19. Jahrhunderts. Diesen »russischen« Regeln zufolge durften nur die Blumen und das Dessert direkt auf dem Tisch zu sehen sein, die Hauptgerichte waren hintereinander und in der richtigen Reihenfolge zu servieren, und für jeden Gang mußten frische Teller gereicht werden.

Ebenso wie der Stil des Essens hat sich auch der Stil des Zimmers gewandelt, in dem man es einnimmt. Die anrührenden Bilder des französischen Malers Jean-Baptiste Siméon Chardin über das häusliche Leben im 18. Jahrhundert zeigen einen bescheidenen Tisch mit Brotkorb, einem Stück Obst, einem Messer und einem Zinnbecher. Am anderen Ende des Spektrums steht die romantische Beschreibung eines Abendessens am Ende des Romans *Das Zeitalter der Aufklärung* von Restif de La Bretonne. Er schildert eine äußerst elegante Tafel, reich gedeckt mit zahllosen Gaumenfreuden und einer Statue der drei Grazien in der Mitte – alles atmet den Geist höchster sinnlicher Freuden.

Einen interessanten Einblick in das ideale viktorianische Speisezimmer gestattet J.C. Loudon in seiner *Encyclopaedia of Cottage, Farm and Villa Architecture and Furniture* (1833). Dort ist die Rede von großen Holz-

scheiten im Kamin, karmesinroten Ledersesseln zu beiden Seiten der Feuerstelle, und einem Gelaß, in dem der Gentleman nach dem Mahle sein Rauchzeug und ein Nachtgeschirr fand. Fünf Jahre später befürwortete Loudon in seinem *Suburban Gardener and Villa Companion* den Einbau eines »Sprechrohrs« zwischen dem Speisezimmer und der Küche, damit die Dienerschaft die Bestellungen diskret an die Köchin weitergeben konnte.

Heute benötigt man für ein stimmungsvolles Speisezimmer schon etwas mehr als nur Kerzen, ein gestärktes Tischtuch, Servietten mit Monogramm und ein von Großtante Marie geerbtes Porzellanservice. Viel hängt von einem klaren Blick und der seltenen Begabung ab, genau die richtige Atmosphäre zu erzeugen. Der grauen Eminenz der amerikanischen Innenarchitekten, John Saladino, zufolge steckt nämlich nicht der Teufel, sondern Gott im Detail. Wer bei seinen Gestaltungsversuchen erfolgreich war, weiß, daß die Proportionen des Zimmers, die Fenster, der Fußbodenbelag – Dielen, Teppiche, antikes Parkett, Fliesen aus Marmor oder *tomettes* (Terrakottafliesen) – von größter Bedeutung sind, jedenfalls wenn man ein Speisezimmer von Grund auf neu »bauen« will. Doch häufig wird einfach ein anderes Zimmer in eine Küche umgewandelt – ein überzähliges Schlafzimmer, eine große Eingangshalle, eine Spülküche, vielleicht sogar ein Schuppen oder eine Scheune.

Dies geschah beispielsweise in einem schwedischen Landhaus aus dem späten 18. Jahrhundert, wo ein alter schwedischer Eßtisch und ein zarter, filigraner Kronleuchter ein leeres Vorzimmer in einen eleganten Speisesaal verwandelten. In einem einfachen Haus in der Normandie wiederum entstand ein schöner ländlicher Speiseraum, indem man die Wände der Spülküche mit rotweißem Gingham verkleidete und sie mit einem bäuerlichen Kronleuchter, einem Eckschrank und ein paar Steingutterrinen einrichtete.

Der herrliche Speisesaal in einem französischen Château, dessen Täfelung heute mit Girlanden im Louis-seize-Stil verziert ist, war einst eine unscheinbare Eingangshalle. Das kleine Eßzimmer eines Bauernhofs in Südfrankreich, mit den roh verputzten, lavendelfarbenen Wänden, der pudergrauen Sitzgarnitur und den blaßrosa Terrakottafliesen war ursprünglich sogar einmal ein Schweinestall. Der Eingangsbereich einer Pariser Wohnung wurde mit Hilfe antiker Stühle, eines antiken Tisches und eines antiken Kronleuchters in ein historisch anmutendes Speisezimmer geradezu verzaubert. Wo man früher den Mantel aufhängte oder ein Taxi rief, wird heute *bœuf bourguignon* von kostbaren Empire-Tellern genossen, dazu trinkt man einen gepflegten Burgunder aus geschliffenen Kristallgläsern im Directoirestil. Wer fragt schon danach, ob die Vertäfelung original ist, wie alt die Balken sind oder ob sich gar unter dem Parkettfußboden ein Betonfundament verbirgt? Die glücklichen Besitzer jedenfalls nicht. Sie genießen ihre Ahnenporträts, die Sammlung alter Stiche, die georgianischen Sessel und das Kerzenlicht. Hauptsache, die Atmosphäre stimmt.

SEITE 84: *In diesem riesigen Speisezimmer in einem New Yorker Haus im* beaux-arts-*Stil ließ sich Anthony Lambert von den historischen Gegebenheiten inspirieren. Die Fin-de-siècle-Stimmung, die von der Kassettendecke, den verglasten Türen und dem Erkerfenster ausgeht, ergänzte er durch eine Wandverkleidung im Libertystil, einen Art-nouveau-Kronleuchter aus Ormoulu und dunkle Eßzimmermöbel.*

SEITE 85: *So gut wie nichts an diesem – im positiven Sinne – Hogarthschen Eßzimmer im Londoner Stadtteil Spitalfields verrät, daß es erst vor ein paar Jahren umgestaltet wurde. Die Wirkung des Interieurs beruht vor allem darauf, daß der Besitzer über ausgezeichnete Kenntnisse des georgianischen Stils verfügt: georgianische Lehnstühle, ein Tisch mit herunterklappbaren Seiten und ein Kristallkronleuchter, ein altes Kamingitter sowie das Silber und Porzellan aus dem 18. Jahrhundert heben sich gegen die dunkelgrün glänzende Holzvertäfelung ab.*

LINKS: Kühle Strenge bestimmt dieses amerikanische Speisezimmer. Ein einfacher Binsenteppich, ein Vitrinenschrank für Silber und Porzellan, ein großer Tisch, einige Eßzimmerstühle und der schlichte Lehnstuhl im Kolonialstil sind die einzigen Möbelstücke. Das Gipsmedaillon in der Mitte der in dunklem Bronzeton gestrichenen Holzvertäfelung zeigt George Washington.

OBEN RECHTS: Dieses elegante, beinahe kahl anmutende Speisezimmer wurde von Lars Sjöberg eingerichtet. Die Wände wurden weiß getüncht, während man die herrlichen Dielen naturfarben beließ. In der Zimmermitte prunkt ein repräsentativer schwedischer Rokokotisch mit passendem Stuhl. Die einfachen, mit leiterförmiger Lehne ausgestatteten Stühle stehen, wie es im 18. Jahrhundert üblich war, an der Wand, wenn sie nicht gebraucht werden.

UNTEN RECHTS: Die niederländische Innenarchitektin Ischa van Delft und der Antiquitätenhändler Jean-Jacques Massé ließen sich bei der Gestaltung dieses Speisezimmers in ihrem Landhaus von amerikanischen und skandinavischen Interieurs des 18. Jahrhunderts inspirieren. Wände und Decken wurden mit Nut- und Federbrettern vertäfelt und in einem blassen Blaugrünton gestrichen.

RECHTS: *Im Haus der niederländischen Designerin Maroeska Metz in Frankreich wurde ein Schlafzimmer in ein Speisezimmer verwandelt. Im Gegensatz zu der altmodischen, gestreiften Tapete sind die Querbehänge aus Satin mit den dazu passenden Fenstervorhängen neu. Der schmiedeeiserne Kronleuchter, der Tisch und die Stühle wurden von der Besitzerin selbst entworfen (ebenso wie das Kaffee- und Teeservice). Ihre modernen Ergänzungen fügen sich harmonisch in die historische Umgebung ein.*

SEITE 89: *In diesem Haus im niederländischen Friesland entstand durch antikes Mobiliar ein völlig neues Speisezimmer. Die Terrakottafliesen sind ebenso wie die nachträglich eingebaute Vertäfelung antik. Der deutsche Schrank aus dem 18. Jahrhundert erhielt einen rotblauen Anstrich, die Stühle im Empirestil wurden mit einem für das 19. Jahrhundert typischen gestreiften Drillich bezogen. Das Zimmer wirkt, als sei es seit Jahrhunderten unverändert.*

LINKS: Das Innere dieses baskischen Schranks aus dem späten 18. Jahrhundert wurde in Sèvres-typischem Altrosa gestrichen, die einfachen Regalbretter durch Zierböden ersetzt. Kostbare Creilterrinen, Silber aus dem 18. und 19. Jahrhundert, ein Löffel, Kerzenhalter, Figuren aus Capodimonteporzellan und modernes Steingut vereinigen sich zu einem verblüffend harmonischen Stilleben. Steingut wird noch heute in den klassischen Formen preisgünstig hergestellt.

OBEN RECHTS: Eine Neuauflage eines Porzellanservice aus dem 18. Jahrhundert ziert diesen Einbauschrank, der in einem warmen Rotton gestrichen wurde. Verschiedene Hersteller – zum Beispiel Herend, Sèvres, KPM Berlin und Limoges – bieten heutzutage Nachbildungen ihrer klassischen Designs an.

UNTEN RECHTS: Dicht gedrängt stehen die noch erhaltenen Stücke eines blauweißen Porzellan-Teegeschirrs und antike Gläser in diesem holländischen Schrank aus dem 18. Jahrhundert. Die Genevergläser wurden nur zu besonderen Anlässen benutzt.

SEITE 92: Dieses niederländische Bauernhaus erforderte Zurückhaltung bei der Einrichtung. Nur schlichte ländliche Möbel wie ein holländischer Schrank aus dem 18. Jahrhundert, ein antiker, runder Tisch und Bauernstühle mit Sitzflächen aus Binsen wurden für das Speisezimmer ausgewählt. Geschirr, Gläser, Besteck, Brotkorb und Weinkühler stammen aus dem 19. Jahrhundert. Die Vitrine rechts im Bild dient der Aufbewahrung von Gläsern, Geschirr und Porzellan.

SEITE 93: Im oberen Teil eines Büfetts wird eine Sammlung von weißen Porzellanterrinen, Obstschalen, Saucieren und Likörgläsern aus dem 19. Jahrhundert gemeinsam mit einem Original-Zuckerhut präsentiert. Die gekonnte Farbzusammenstellung – skandinavisches Hellgrau, Weiß und Schwarz – strahlt eine zurückhaltende Harmonie aus.

KÜCHEN

Von den niederländischen Malern Pieter de Hooch, Jan Vermeer, Gerard ter Borch und Jan Steen sind uns wunderbare, detaillierte und inspirierende Küchenszenen erhalten. Ihre in verhaltenem Licht stimmungsvoll dargestellten Interieurs mit schimmernden Marmorfußböden, blankpolierten, von der Decke hängenden Messingkesseln und Steingutkannen voll sahniger Milch versetzen uns geradewegs ins Reich der Sinne. Fast meinen wir, die goldbraunen Pfannkuchen schnuppern, das Flattern der auf dem Markt erstandenen Rebhühner in ihrem Weidenkorb hören zu können und den gekühlten Weißwein, den die Gastgeberin aus einem Delfter Krug mit Silberdeckel einem zu Besuch weilenden Offizier einschenkt, zu schmecken.

Es sind die nebensächlichen Kleinigkeiten, denen wir beim Betrachten unsere Aufmerksamkeit widmen. An Jean-Baptiste Oudrys Illustration für La Fontaines Fabel *Der Schwan und der Koch* zum Beispiel – der Geschichte des betrunkenen Kochs, den der schöne Gesang des Schwans davon abhält, das Tier zu töten –, fesselt den Betrachter weniger die Handlung selbst als der Ort der Handlung, die Küche mit ihrem Steinfußboden, dem soliden Holztisch, der gußeisernen Aufhängevorrichtung für Wildbret und dem Regal, auf dem Siebe, Rahmkellen, Steinguttöpfe oder eine liegengebliebene Brioche zu sehen sind.

Auch historische Häuser sind eine ergiebige Quelle für Inspirationen. Manche offenbaren die hochfliegenden Phantasien ihrer Besitzer. Als Friedrich Wilhelm II. von Preußen, Neffe und Thronfolger Friedrichs des Großen, 1787 die Küche für seinen Marmorpalast in Potsdam plante, hielt er seine Architekten von Gontard und Langhans an, sie im Stil einer griechischen Tempelruine zu entwerfen. Die Regencyküche König Georgs IV. im Royal Pavilion in Brighton ist ein kathedralenähnlicher Raum, in dem selbst Palmensäulen nicht fehlen. An den Wänden sind Töpfe und Pfannen aufgereiht, und man findet erstaunlich viele mecha-

SEITE 94: Antike Objekte im Küchenregal wirken am besten, wenn sie stilistisch, thematisch, farblich oder zeitlich zusammenpassen. In diesem Schrank aus dem 18. Jahrhundert ist die Farbe das verbindende Element. Die Teller und Schüsseln von der Maastrichter Fabrik Petrus Regoût aus dem 19. Jahrhundert, alte Küchentücher, ein Tuch mit Paisleymuster, Stoffe und ein paar alte Kästen fügen sich zu einem typisch holländischen Stillleben. Einen Ruhepunkt schafft der mit Äpfeln gefüllte, eigentlich für Tischwäsche vorgesehene Weidenkorb aus dem 19. Jahrhundert. Die blaue Farbe des Schranks kontrastiert angenehm mit dem in seinem Inneren vorherrschenden Rot.

SEITE 95: Dieser hohe Küchenschrank aus dem 19. Jahrhundert weist außen noch seine original faux-bois-*Oberfläche auf, innen ist er schwarz – der ideale Hintergrund für das niederländische Steingut- und Porzellangeschirr aus dem letzten Jahrhundert. Inspiriert ist diese Gestaltung zweifellos von den alten Meistern des 17. Jahrhunderts; selbst wie der mit Geschirr, Essen und Besteck überladene Tisch arrangiert wurde, erinnert an holländische Stilleben. Die sorgsam abgestimmten Farben – Dunkelbraun, Schwarz, Natur- und Cremeweiß sowie natürliche Holztöne – sind möglicherweise der* chiaroscuro-*Technik in der Malerei nachempfunden.*

nische Erleichterungen, mit denen der Koch und seine Gehilfen die gewaltigen Mahlzeiten für Hunderte von Gästen zubereiten konnten.

Die Verwalter öffentlich zugänglicher historischer Häuser in der ganzen Welt wissen um die Anziehungskraft der in ihren Gebäuden vorhandenen Küchen. Das gleiche Interesse gilt den Speisekammern, den Anrichteräumen oder den Wohnstuben der Wirtschafterinnen. Diese Räume müssen nicht unbedingt sonderlich groß sein, im Gegenteil: Die bescheidenen Dienstbotenquartiere scheinen größere Neugier zu erregen als die vornehmen Salons im Obergeschoß.

Viele Besucher verschaffen sich einen Eindruck vom Alltagsleben vergangener Tage, indem sie die Räume im Souterrain und die dort ausgestellten Gerätschaften besichtigen. Arbeitsintensive Ungetüme wie die Wringmaschine, der Fleischwolf oder der Hackklotz lassen das Herz so manchen Besuchers höher schlagen, und schon sinniert er, wie sich die Vergangenheit in den eigenen vier Wänden wiedererwecken ließe: massive Eichendielen statt des unansehnlichen Linoleums müssen her, Naturpigmente mit Buttermilch werden das sterile Weiß der Wände beleben. Und auf Landauktionen oder Flohmärkten werden sich wohl ein Seiher aus dem 17. Jahrhundert, eine Puddingform aus der Regencyperiode oder die Reste eines echten Bauernhockers auffinden lassen.

Die sterile Laborküche mit den neuesten elektronischen Geräten – heute hochmodern, doch morgen vielleicht schon wieder »out« – scheint ihren Reiz verloren zu haben. So gehört seit vielen Jahren ein hoher, weiter Raum, der an eine romantische französische Bauernküche erinnert, zu den beliebtesten Antiquitätenläden auf dem Marché aux Puces in Paris. Hier kann man zwischen Stapeln von Brotbrettern, alten Leinentischtüchern, Küchentüchern und Schürzen, Steingutkannen und -schüsseln aus der Provence, kupfernen *batteries de cuisine*, Weidenkörben, alten Holzlöffeln, Kellen, Messern und schmiedeeisernen Öfen nach Herzenslust stöbern.

Ironischerweise gilt unser nostalgisches Interesse oft gerade jenen Gegenständen, die seinerzeit die jeweils neueste technische Errungenschaft darstellten. Wenn eine Hausfrau im 18. Jahrhundert zwischen einem Drehspieß aus den 1780er Jahren und dem neuesten Heißluftherd unserer Zeit hätte auswählen können, hätte sie sich zweifellos für letzteren entschieden. Umgekehrt stößt unsere Sehnsucht nach der Authentizität einer vergangenen Epoche in der Küche bald an ihre Grenzen. Wer will sich heute noch die Mühe machen, jeden Morgen den Herd, den Ofen und den Kamin anzuschüren oder das Kupfergeschirr auf die althergebrachte Weise zu polieren? Wer würde heute ein Huhn in einen engen Korb sperren, um es mit Hafermehl und Anissamen zu mästen? Und wer wird den Boden seiner technisch hoch gerüsteten Küche heutzutage nach alter Väter Sitte mit Heu bestreuen und wohlriechende Kräuter gegen Ungeziefer beigeben? Und wer wird die Wände seines Kochtempels heute noch in jenem speziellen Blau streichen, das man im 18. Jahrhundert für fliegenabweisend hielt?

So authentisch wollen wir es dann doch nicht haben – uns genügen die rauchfarbenen Wände, die unebene Oberfläche der Terrakottafliesen und die glasierte Terrine in Hasenform, die unseren kulinarischen Bemühungen ein besonderes Aroma zu verleihen scheint.

OBEN RECHTS: In dieser Küche aus dem späten 18. Jahrhundert wurde ein großes Kiefernbüfett mit Keramikgeschirr gefüllt. Zusammen mit der schlichten Sitzgruppe aus Kiefernholz erinnert es an die angenehm einfachen Seiten des Lebens auf dem Land.

MITTE RECHTS: In diesem amerikanischen Haus aus dem 18. Jahrhundert blieb die Küche unangetastet. Der karge Charakter des Raums mit seinem weiß getünchten Kaminvorsprung und den Originaldielen wurde vom Besitzer innenarchitektonisch aufgegriffen, indem er ihn mit einfachen Landmöbeln und zwei hochlehnigen Stühlen aus der Kolonialzeit bestückte. Die Metallaterne ist Shakerdesign; Lampen dieser Art werden auch heute noch produziert.

UNTEN RECHTS: Die legendäre niederländische Reinlichkeit kommt in diesem Interieur zum Ausdruck. In dem typischen Stadthaus aus der Biedermeierzeit harmoniert der moderne weiße Marmorfußboden mit den ursprünglichen Delfter Kacheln an den Wänden. Die ebenfalls originalen Schränke wurden vom Besitzer im traditionellen Blauton, der für Küchen typisch war, gestrichen. Auch für emaillierte Gerätschaften wie Kessel, Eimer und Brotkästen war im 19. Jahrhundert Blau die Standardfarbe.

SEITE 99: Die Küche in dem niederländischen Antiquitätengeschäft von Karel und Will Leenaer ist nur wenige Jahre alt, aber der neu hinzugefügte, antike Fußboden, die Einbauschränke und Regale, die traditionellen Küchenmöbeln nachempfunden sind, sowie die weißen Delfter Kacheln erzeugen eine nahezu authentisch wirkende historische Atmosphäre.

SEITE 100: Es ist durchaus möglich, neuem Stauraum ein altes Aussehen zu geben. In diese französische Landhausküche baute der Besitzer Schränke ein, die alten Speiseschränken mit durchbrochenen Türen nachempfunden sind und in diesem Fall das Geschirr und die Tischwäsche aufnehmen. Ein großer, blank geschrubbter Holztisch, Bauernstühle aus dem 19. Jahrhundert, eine beeindruckende Sammlung von Kupfertöpfen, eine Kupferlaterne, Weidenkörbe und Vorratsgläser – hier hat jedes Stück seinen Anteil an der Illusion von Authentizität. Moderne batteries de cuisine, *traditionell hergestellte Weidenkörbe und altmodisch anmutende Glasbehälter sind heute überall erhältlich.*

SEITE 101: In einem niederländischen Stadthaus aus dem 17. Jahrhundert wurde ein Teil eines großen Zimmers als Küche eingerichtet. Ein mit Jagdmotiven bemalter Paravent aus dem 19. Jahrhundert trennt sie vom Rest des Raumes ab. Körbe und Kannen hängen an den Haken eines gußeisernen Rings an der Decke. Auch wenn vieles in dieser Küche nicht unbedingt antik ist, so läßt sich doch die stilechte Atmosphäre nicht leugnen.

LINKS: *In Ute Middelhoeks Haus – einer ehemaligen Kirche aus dem 19. Jahrhundert – mußte die Küche praktisch von Grund auf neu gestaltet werden. Nun sorgen die Kieferndielen, die traditionelle Vertäfelung mit Nut- und Federbrettern, Einbauschränke für das antike Geschirr, eine Steingutspüle aus dem 19. Jahrhundert und ein* œil-de-bœuf, *das mehr Licht hineinläßt, für ein antikes Ambiente. Ein Kiefernholztisch, französische Bauernstühle und eine Lampe mit einem Milchglasschirm und einer Seilrolle aus Porzellan (die heute noch so gebaut werden) fügen sich perfekt ein. Auf dem eichenen Sideboard stehen Spiegelglasarbeiten aus dem 19. Jahrhundert.*

OBEN RECHTS: *Dieser Schrank aus dem 19. Jahrhundert ist ochsenblutrot bemalt – eine traditionelle, noch heute erhältliche Farbe, die sich die natürliche Oxidation von Eisen zunutze macht und Holzwurmbefall verhindern soll. Im Schrankinneren wurde ein reizendes Stilleben aus Stapeln alter Geschirrtücher und einem alten Weidenkorb, aus dem Leinenstoffe und Schleifen quellen, in Szene gesetzt. Die Schönheit dieses Arrangements beruht vor allem auf der feinen Farbzusammenstellung von Cremeweiß und Rostrot und der zufällig wirkenden Anordnung der Gegenstände.*

UNTEN RECHTS: *In den Regalen dieses niederländischen Küchenschranks aus dem 18. Jahrhundert sind kostbare holländische Reiseschachteln aus* Bois de Spa *(lackiertem Sperrholz aus dem 18. Jahrhundert) untergebracht, die mit Idyllen und Arabesken verziert sind.*

LINKS: Die Farben in der Küche des Ehepaars d'Orgeval im südfranzösischen Roussillon erinnern an das warme, ockerfarbene Leuchten der Hügel in der Umgebung. Dorothée mischte die heimische Erde mit Bienenwachs, um diesen weichen Farbton für die Wände zu erzielen. Sie besorgte auch die im 19. Jahrhundert in dieser Gegend hergestellten Bauernmöbel. Auf Mauervorsprüngen oder in Nischen stehen provenzalische Keramikteller, Tabletts, Töpfe und andere Küchenutensilien.

SEITE 106: Die Küche im ehemaligen Domizil der niederländischen Schriftstellerin Betje Wolff (1738–1804) wurde mit so großer Sorgfalt rekonstruiert, daß man meinen könnte, sie habe sich hier noch kurz zuvor aufgehalten. Die weißen Delfter Kacheln und die beeindruckende Feuerstelle sind authentisch. Von den ursprünglichen Möbeln und Küchenutensilien war jedoch nichts mehr erhalten, so daß die Bewunderer der Autorin Tisch, Stühle, Porzellan, antikes Messing und einen alten Hochstuhl beisteuerten. Der Querbehang unter dem Kaminsims ist aus jenem gestreiften Stoff, aus dem heute noch traditionelle Trachten gefertigt werden und der in den Niederlanden in Spezialgeschäften erhältlich ist.

SEITE 107: Wie in einem viktorianischen Glasschrank werden auf und über diesem mit einem bunten Vorhang geschmückten Kaminkragen Porzellan, Kandelaber und ein reich bestickter Teewärmer präsentiert. Der gußeiserne Herd ist ein Originalstück dieser im Schatten von Edinburgh Castle liegenden Wohnung.

HOLYROOD'N°

BIBLIOTHEKEN UND ARBEITSRÄUME

Zimmermann über die Einsamkeit
4. Theil

In seinem Buch *The Suburban Gardener and Villa Companion* (1838) schrieb J. C. Loudon, der nie um einen guten Rat verlegen war, eine Bibliothek solle sich stets von der eher unbeschwerten Eleganz des Gesellschaftsraums abheben. Für die Wände empfahl er dunkle Farben, als Sitzgelegenheiten zwei bis drei Sessel mit schwenkbaren Buchständern. Zu seiner Zeit wurde die Bibliothek meist als Frühstückszimmer für den Herrn genutzt, ein Tempel männlicher Überlegenheit, in dem die Damen zwar toleriert wurden, aber nicht wirklich willkommen waren. Über ein Vierteljahrhundert danach riet Robert Kerr in seinem Buch *The Gentleman's House* dem kultivierten Manne, sich vor den Anfechtungen des Haushalts in seine Bibliothek zurückzuziehen und sicherzustellen, daß dieser Raum auch sein Privatgemach blieb. Im 19. Jahrhundert war es undenkbar, daß eine Frau ihren Gebieter dort störte oder gar unaufgefordert in sein Allerheiligstes hineinplatzte. Zum Glück gehören diese Zeiten der Vergangenheit an.

Doch es hat zweifellos einen unwiderstehlichen Reiz, sich mit seinen Lieblingsbüchern zu umgeben, mit Erstausgaben, Manuskripten, einer ägyptischen Papyrusrolle oder einem Originalbrief von Nelson oder Mata Hari. Man muß keine Leseratte sein, um bei dem trockenen, staubigen Ledergeruch alter Bücher Ehrfurcht zu empfinden. Endlose Bücherreihen in Regalen, die sich unter der Last des Wissens biegen, und antike, wohlgefüllte Bücherschränke genießen unsere vorbehaltlose Bewunderung.

Leidenschaftliche Sammler suchen Antiquariate heim, fahren von Auktion zu Auktion und durchstöbern jeden einzelnen Stand der Bouquinisten an der Seine, stets in der Hoffnung auf eine neue Entdeckung. Oder sie lassen sich gar dazu verleiten, des Nachts Mülltonnen zu durchsuchen, auf der Suche nach einem achtlos weggeworfenen goldgeprägten Band aus dem 18. Jahrhundert oder einem geheimnisvollen Manuskript, das ein verkanntes Genie verzweifelt wegwarf.

Böse Überraschungen sind dabei nicht auszuschließen. Die französische Schriftstellerin Colette kam eines Tages mit einem sehr seltenen Balzac vom Bouquinisten heim, schlug das Buch auf, und ein widerlich schmutziger Kamm fiel ihr in die Hände, vermutlich das Lesezeichen des zerstreuten Vorbesitzers. Kein Wunder, daß sie ihre Sammelleidenschaft aufgab. Goethe wiederum mußte seine Lieblingsstücke stets in Reichweite um sich haben. Als eingefleischter Büchernarr zog er sich mit einem Teil seiner Sammlung in seine Gartenlaube zurück, setzte sich auf den kuriosen hohen Lieblingshocker, den er seinen »Sitzbock« nannte, und schrieb.

Wer seine Bibliothek historisch gestalten will, hat die Qual der Wahl: Soll es eine mittelalterliche Kammer sein, in der ein bärtiger Einsiedler über einem Manuskript hockt? Ein Rembrandtsches Zimmer mit einem großen Eichentisch, dicken wissenschaftlichen Folianten, einem vergilbten Schädel, vielleicht einer ausgestopften Eule und einem alten Globus? Manch einer mag auch das Bild eines Bücherschranks aus dem 18. Jahrhundert vor Augen haben, in dem er stolz seinen größten Schatz präsentieren kann, eine Erstausgabe mit ochsenblutfarbenem Saffianledereinband, goldgeprägtem Wappen und kunstvollen *objets de vertu.* Oder soll es doch lieber ein gepflegtes Zimmer im Regencystil sein, in dem ein Dandy, den Ellbogen auf den marmornen Kaminsims gestützt, einen Roman liest? Vielleicht zieht man auch die gemütliche viktorianische Bibliothek vor, die den Wissensdurst früherer (und unserer) Tage zu vermitteln scheint, vom Boden bis zur Decke mit alten Folianten gefüllt, ausgestattet mit einem Axminsterteppich mit Schottenmuster und dick gepolsterten, rissigen Ledersesseln, das Ganze erleuchtet vom sanften Licht mehrerer Petroleumlampen.

Heute spricht nichts mehr gegen die Verwirklichung solcher Phantasien. Man kann alles bekommen: antike Stundengläser, alte Landkarten, vergilbte Stiche und Bücher über Bücher, die nur darauf warten, ihren Platz in einem Interieur von überwältigender Schönheit einzunehmen.

SEITE 108: *In Hörle Herrgård, einem Herrenhaus in Südschweden, schuf Lars Sjöberg einen perfekten Arbeitsraum im Stil des 18. Jahrhunderts.*

SEITE 109: *Das sorgfältig rekonstruierte Studierzimmer in Schillers Weimarer Domizil – ein Stilleben aus alten Büchern, einer antiken Uhr, einem Kerzenhalter, einer Reproduktion seines gläsernen Tintenspenders und einem Globus.*

LINKS: Dieser Raum in einem französischen Landgut aus dem 18. Jahrhundert wurde von seinem Besitzer in eine Bibliothek verwandelt. Die alten Regale paßten genau in die Zwischenräume rechts und links vom Kamin. Ein schwerer Schreibtisch aus dem 19. Jahrhundert nimmt die Zimmermitte ein. Die antiken Bände gehören zur umfangreichen bibliophilen Sammlung des Hausherrn, die Tapete ist ein moderner Nachdruck eines alten Dokuments (ähnliche Neuausgaben historischer Papiere sind bei vielen Tapetenherstellern erhältlich). Die Lampen sind ebenfalls neu, die Büste auf dem Kaminsims stellt eine Nachbildung eines Stückes aus dem 19. Jahrhundert dar.

RECHTS: Der Pariser Antiquitätenhändler Serge Hubert verwandelte sein winziges Wohnzimmer in eine Bibliothek, indem er Regale und Bücherschränke in die historische Wandtäfelung einbaute. Die Borde sind bewußt mit Büchern und objets d'art *überladen. Alles, auch das Mobiliar, stammt aus dem 19. Jahrhundert.*

LINKS: Dieser Raum im ersten Stock eines französischen Château wurde mit einem großen Bücherschrank ausgestattet, der Tisch mit einem alten Kelim bedeckt. Die Louis-quinze-Lehnstühle sind mit altem Dekorsamt bezogen. Hunderte von kostbaren Lederfolianten, eine Marmorbüste, eine stabile Bibliotheksleiter und die warmen, erdigen Farbtöne schaffen eine einladende Atmosphäre.

RECHTS: Sorgfältig arrangierte Ensembles aus klassischen Statuen, Stichen und Zeichnungen können einem Studierzimmer oder einer Bibliothek eine interessante Note verleihen. Es müssen nicht immer Originale sein: Gipsabgüsse klassischer Skulpturen erhält man in Museen, gute Reproduktionen von Bauzeichnungen dort, wo es historische Stiche gibt. Ein französischer Antiquitätenhändler arrangierte auf einer Kommode aus dem 19. Jahrhundert (oben) eine Bauzeichnung aus dem 18. Jahrhundert, Öllampen aus dem 19. Jahrhundert und alte Gipsabdrücke griechischer und römischer Büsten. Ein anderes Studierzimmer (Mitte) erhielt durch die gekonnt angeordnete Sammlung von klassizistischen und jüngeren Bronzearbeiten, eine Bücherreihe und einen Tisch mit Marmorinkrustationen eine ausgesprochen intellektuelle Atmosphäre.

Der französische Innenarchitekt Guy Thorodoff verwandelte seinen Ballsaal aus dem 19. Jahrhundert in ein Refugium im Stil des Fin de siècle (unten). Hier finden dekorative Elemente, die in jener Zeit beliebt waren, einen würdevollen Platz: eine Terrakottabüste, eine Lampe mit plissiertem Schirm, alte Bücher mit Ledereinband und eine Neorenaissancetischuhr.

SEITE 116: Bücherschränke und Regale erregen mehr Aufmerksamkeit, wenn die Anordnung der Bücher durch allerlei kostbare (und weniger kostbare) Zierobjekte aufgelockert wird. Das silberne Schiffsmodell und die beiden handgemalten Miniaturen in auffallend schönen Rahmen (oben links) fügen sich hervorragend in den üppigen, der Zeit Napoleons III. nachempfundenen Stil dieser Bibliothek in einem Pariser Appartement ein.

Alte, gerahmte Stiche, Gemälde und Aquarelle, ein Kerzenhalter, eine kostbare Vase und das kleine, gerahmte Porträt eines Edelmannes aus dem 18. Jahrhundert (oben rechts, unten links) machen aus diesem Bücherschrank eine faszinierende Sammlervitrine.

Frédéric Méchiche schmückte seine Bibliothek (unten rechts) mit einer ptolemäischen Maske und einem italienischen Spiegel mit vergoldetem Holzrahmen aus dem 18. Jahrhundert – zweifellos eine kulturelle Bereicherung seiner Bücherreihen.

SEITE 117: Die holländischen und flämischen Maler des 17. Jahrhunderts standen Pate beim Arrangement dieses Stillebens. Die im 19. Jahrhundert gefertigte Nachbildung des schwarz gebeizten, niederländischen Rahmens aus dem 17. Jahrhundert wurde vor einem Regal angebracht, in dem kostbare Schachteln mit Intarsiendekor, ein Straußenei im Ständer, eine Perlenkette, Bücher und Dokumente, aber auch eine »Zitrone mit Korkenzieherpelle« – traditioneller Bestandteil in Gemälden aus dem Goldenen Zeitalter – arrangiert wurden.

DE WERKEN VAN WILLIAM SHAKESPEARE
DE WERKEN VAN WILLIAM SHAKESPEARE

bauhaus 1919 - 1928
Les grandes maisons de Los Angeles
PERRET
PAGES D'OR DE L'ÉDITION PUBLICITAIRE
ART ET DÉCORATION

SCHLAFZIMMER

Die Gestaltung des Schlafraums ist nicht immer leicht – davon zeugen zu viele erstaunlich phantasielose Beispiele. Denken wir nur einmal an die erschreckende Ödnis mancher Hotelzimmer: kaum mehr als eine nackte Glühbirne, dazu ein Waschbecken und ein unansehnliches Bett mit verschlissenem Überwurf. Fehlt nur noch eine Leiche auf dem Bett nebst dem berühmten Inspektor Maigret, und schon hätte man eine perfekte Kulisse für den Beginn eines *film noir*.

Doch wer auch nur den geringsten Sinn für Romantik hat, sehnt sich nach einem vergoldeten Louis-seize-Bett im reinsten Marie-Antoinette-Stil, in einem vertäfelten Zimmer in Trianongrau, mit Draperien, Daunenbett und Kissen aus seladongrünem Seidendamast. Auch ein schweres viktorianisches Himmelbett mit gedrechselten Säulen und einer federleichten Steppdecke verführt zum Schlafen. Und wer wollte nicht gern die Nacht in einem Gästezimmer mit Blick aufs Mittelmeer verbringen, unter einem Moskitonetz aus feinstem Musselin, das sich in der sanften Brise bauscht, die durch die offene Terrassentür hineinweht?

Wir haben einen langen Weg hinter uns gelassen, seit unsere Vorfahren, die Cromagnonmenschen, unter Fellen in ihrer Höhle vor der bedrohlichen Nacht und den Elementen Schutz suchten. Seither haben sich die Schlafstätten gewandelt. Die Ägypter waren die ersten, die ihnen mehr Aufmerksamkeit widmeten. Ihren göttlichen Pharaonen ließen sie von den begabtesten Tischlern und Goldschmieden prächtige Ruhebetten bauen. Die Römer wollten es noch besser machen. Weil sie sich nicht entscheiden konnten, wo sie nun in ihren pompejischen Luxusvillen schlafen sollten, stellten sie einfach in jedes Zimmer ein Bett.

Im Mittelalter wurde dieses Möbel zu einem wahren Prachtstück, oft mit reichen Samt- und Brokatstoffen drapiert. Man kann sie noch heute in den Bildern flämischer Meister bewundern: In Badehaus- oder Bordellszenen vergnügen sich fröhliche, nackte, bleiche Herren mit ihren ebenso bleichen Gefährtinnen auf Betten mit leuchtend rotem Baldachin. Später kamen die Himmelbetten mit Fransenvorhängen in Gebrauch, die man in den dunkelsten Ecken der Interieurs von Vermeer oder de Hooch gerade noch wahrnimmt. Barocke Konstruktionen mit Federkronen auf den vier Pfosten wurden während der Regierungszeit von Wilhelm III., Maria Stuart und dem französischen Sonnenkönig gebaut. Himmelbetten sind schon seit Jahrhunderten beliebt. Vielleicht liegt es an unserer Sehnsucht nach dem Mutterschoß, daß wir diesen unwiderstehlichen Drang verspüren, mit einem schützenden »Dach über dem Kopf« zu schlafen.

SEITE 118: *In Stoffen und Mustern läßt sich gerade bei der Gestaltung des Schlafraums trefflich schwelgen. Die naturweißen Wände in diesem Haus in Südfrankreich bilden einen neutralen Hintergrund für die erdbeerfarbene* toile de Jouy *auf dem Stuhl und dem Bettbehang. Der eindrucksvolle Stoff verwandelt ein einfaches Zimmer in ein scheinbar authentisches Schlafgemach aus dem 19. Jahrhundert.*

SEITE 119: *In diesem Schlafzimmer eines Pariser Hauses aus dem 19. Jahrhundert stellten die Besitzer mit immer neuen Variationen desselben Farbtons ein raffiniertes Interieur zusammen. Vor den cremefarbenen Wänden und Wandverkleidungen sind der Kamin aus beigefarbenem Marmor im Louis-quinze-Stil und das nachgemachte Louis-quinze-Bett mit Rohrgeflecht gut in Szene gesetzt. Das Bett und der Stuhl wurden im so genannten* caca-d'oie-*Ton (Gänsekot) bemalt, eine beliebte Möbelfarbe während des Louis-seize-Revivals um 1900.*

Montaigne sagte einmal, er ziehe ein schönes Bett dem bequemen vor. Seine Worte erklären vielleicht den Reiz des *lit d'apparat*, des mit reichen Samt- und Seidendraperien geschmückten Prunkbettes, das vor allem Aufsehen erregen soll und wieder beliebter zu werden scheint. Aber auch mit weniger opulenten Stoffen lassen sich eindrucksvolle Effekte erzielen – zum Beispiel mit der von Monsieur d'Oberkampf erfundenen *toile de Jouy*, einem naturweißen Baumwollstoff, der im Plattendruckverfahren mit himbeerfarbenen Idyllen von Jean-Baptiste Huet dekoriert wurde. Oder man drapiert leichten Musselin um das Bett, wenn es in der drückenden Hitze der Tropen steht. Oder die Schlafstatt wird mit – vorzugsweise blauweißem – Gingham verhängt, der das Markenzeichen von Häusern in Skandinavien zu sein scheint, wo der Winter lang und kalt und ein Schlafzimmer ohne Kachelofen undenkbar ist.

Die Gestalter der in diesem Kapitel vorgestellten Schlafzimmer haben ausnahmslos einen Sinn für Romantik. Um der Illusion eines historischen Zimmers willen tünchten sie die Wände weiß oder trugen geduldig in mehreren Schichten Naturpigmentlasuren auf, sie dekorierten sie mit alten (manchmal auch nur scheinbar alten) Textilien oder altmodischen Tapeten, betupften oder marmorierten sie mit Schwämmen oder Quasten, schmückten sie mit Fresken oder *trompe l'œil* oder vertäfelten sie.

Manch einer zieht vielleicht ein eher schlichtes Interieur vor. In einem alten Bauernhaus mit Schiebefenstern, Holzdielen und innenliegenden Fensterläden beherbergt das Schlafzimmer vielleicht nur ein einfaches Bett aus Holz oder aus Messing und Schmiedeeisen, darauf ein kariertes Plaid oder eine gestreifte Tagesdecke. Die duftende, frisch gestärkte Bettwäsche ist natürlich aus feinstem Leinen. Vielleicht gibt es noch einen Waschtisch mit einer Emailkanne und einer irdenen Waschschüssel, eine Vase mit einem einfachen Strauß aus Trockenblumen und einen Sessel mit geblümtem Schonbezug, dazu ein Kissen, das mit einem persönlichen Wahlspruch bestickt ist.

Ein Schlafraum mit Patina kann aber auch Ausdruck einer ausgefallenen Laune sein und den Betrachter gezielt in die Irre führen. Mitunter findet man eine prachtvolle Schlafkammer, die man eher in einem altehrwürdigen Herrenhaus vermuten würde, ausgerechnet in einer bescheidenen Stadtbehausung. In einer kleinen Wohnung mag sich ein fürstliches Refugium voller Schnörkel und Spitzendeckchen befinden, in einem Hochhaus gar ein Biedermeierschlafzimmer, das in Pastelltönen gehalten ist und Spitzenvorhänge vor dem Fenster hat. Der Phantasie sind keine Grenzen gesetzt.

SEITE 122: *Auch Bettdraperien bieten den Freunden von Musterstoffen ein weites Betätigungsfeld, seien es raffiniert geraffte Stoffbahnen oder lediglich Besatzstreifen oder Bordüren. In diesem prachtvollen Schlafzimmer in der Normandie, das buchstäblich aus dem Nichts, nämlich aus wiederverwendeten Architekturelementen, hervorgezaubert wurde, verwendete man – dem Geschmack des 18. Jahrhunderts folgend – für Tapete und Bett denselben Stoff. Bei dem Muster handelt es sich um Papillons, eine von Philippe la Querrière neu aufgelegte Ausgabe eines alten Entwurfs.*

SEITE 123: *Ein altes Himmelbett beherrscht dieses Schlafzimmer in einem amerikanischen Landhaus. Der Innenarchitekt James Joseph folgte wiederum einer Praxis aus dem 18. Jahrhundert: Die schlichten Draperien bilden einen neutralen Hintergrund für den bunt gemusterten Stoff von Tagesdecke und Kissen.*

LINKS: Manche Bauernhäuser verlangen ein eher zurückhaltendes Design. Die Antiquitätenhändler Arno Verhoeven und Jaap Eckhardt suchten überall in den Niederlanden nach dem friesisch gestreiften Biedermeierdrillich für eines der Gästezimmer ihres Bauernhauses. Diese ursprünglich für Matratzen und Bettbezüge verwendete Stoffart wird noch heute hergestellt. Auf das Bettgestell schablonierten sie ein Girlandenmuster, die Réveillon-Tapete von Laura Ashley erhielt eine zartblaue Lasur. Arno dekorierte das Medaillon des Ofenschirms im Louis-seize-Stil mit einem Blumenbouquet; Dielen und Tür wurden mit traditionell holländischen Farben gestrichen.

RECHTS: Der Designer Hugo Curletto fand dieses Bett aus dem 19. Jahrhundert mit dem geschnitzten Kopfteil in der Scheune seines Hauses in Nordspanien. Er überzog die weiß getünchten Wände des Schlafzimmers mit einer blauen Lasur aus natürlichen Indigopigmenten, Buttermilch und Wasser, malte das trompe-l'œil-*Gesims auf die Wand und befestigte das zarte Moskitonetz an dem antiken Kronleuchter über dem Bett.*

Rechts und Seite 127 unten: Mit Hilfe seiner Fähigkeiten, die er sich als Lehrer für Maltechniken angeeignet hatte, dekorierte Arno Verhoeven die Wände dieses Schlafzimmers mit der verblüffenden Nachbildung einer trompe-l'œil-*Biedermeiertapete von Kloster Corvey bei Höxter. Die Originaltapete imitiert parallel gehängte Stoffbahnen mit Streifenmuster, wie sie für den herrschenden Geschmack im Deutschland des frühen 19. Jahrhunderts typisch waren. Sie war per Hand mit einem speziellen Verfahren bedruckt worden, dessen Stadien Arno genauestens nachvollzog. Diese Arbeit kostete ihn fast zwei Jahre. Anschließend wurde das Bett mit einem drapierten Baldachin gekrönt und erhielt eine blauweiß karierte, indische Tagesdecke. Sämtliche Möbel ebenso wie die anderen Objekte in diesem Zimmer stammen aus dem holländischen oder deutschen Biedermeier.*

Seite 127 oben: Frédéric Méchiche dekoriert seine Häuser häufig mit alten Textilien. Für das moderne Bett in diesem Schlafzimmer eines bescheiden proportionierten Gästehauses in Südfrankreich wählte er eine alte provenzalische Steppdecke, alte Leinenlaken (für Bettbehang und Gardinen) und einen blauweiß gestreiften Stoff aus dem 18. Jahrhundert.

LINKS: Ein schweres Bett aus dem 19. Jahrhundert beherrscht dieses Schlafzimmer eines amerikanischen Landhauses. Der alte Bettüberwurf mit Zierdecke entspricht dem rustikalen Stil des Hauses, dessen weiß getünchte Wände, schmucklose Balken und abblätternde Farben nicht angetastet wurden.

RECHTS: Der Entwurf für dieses robuste, traditionell schweizerische Kiefernbett nach einer Zeichnung aus dem 18. Jahrhundert stammt von dem belgischen Innenarchitekten Benoît Vliegen. Es sollte perfekt mit der antiken Pechkiefervertäfelung in dem modernen Schweizer Chalet harmonieren. Entsprechend wurde eine schlichte, rustikale Bettwäsche gewählt, ebenso schlicht und rustikal wie der Rest der Einrichtung: eine Wandleuchte mit Rocaille-Ornament und ein alter Bauernschrank aus der Schweiz.

RECHTS: *Das* lit d'apparat *ist offenbar wieder im Kommen. Dieses Himmelbett aus dem 17. Jahrhundert ziert Jean und Dorothée d'Orgevals Scheune in Südfrankreich. Der antike Bettbehang, die zeitgenössischen Federbüsche und die provenzalische, gesteppte Tagesdecke aus dem 18. Jahrhundert tragen zur erhabenen Anmutung dieses Paradebettes bei. Die ein wenig verblaßten gelben Stoffe stehen in einem ansprechenden Kontrast zu dem dunklen Eichenholz des Kopfteils und den hellen Terrakottafliesen. Auf der provenzalischen* duchesse brisée *aus dem 18. Jahrhundert (ein Armsessel mit angebautem Fußteil) liegt ein Kelim. Diese Teppiche sind nicht sehr kostspielig, und ihre schönen Farben und Muster eignen sich als Blickfang für nicht zu unruhige, helle Interieurs.*

SEITE 131 OBEN: *Ein prachtvolles indisches Himmelbett aus Silber, das einst den Palast eines Maharadschas schmückte, prangt nun in diesem Pariser Schlafzimmer. Die reich verzierte, mit Gold- und Silberfäden bestickte Decke, antike Bettvorhänge, das Porträt eines juwelengeschmückten indischen Herrschers und ein passender silberner Fußschemel haben dieses Schlafgemach in einen Traum aus Scheherazades* Tausendundeiner Nacht *verwandelt.*

SEITE 131 UNTEN: *Jacques Garcia gestaltete mit Hilfe eines antiken Teppichs und eines Lehnstuhls aus der Louis-seize-Periode die moderne Variante eines historischen Schlafzimmers. Der authentische Alkoven und das moderne Bett sind mit prächtigen alten Textilien geschmückt.*

DIESE DOPPELSEITE: Alte Bettwäsche und andere Textilien sind schon für sich ein dekorativer Blickfang. In diesem alten Armoire stapeln sich Steppdecken, bestickte Stoffe, Spitzen, toile de Jouy *und Chintz in großer Farben- und Mustervielfalt. Auch Fransen und Bänder sind reizvolle Details, die zum historischen Flair eines Raumes beitragen. Wie zufällig hängt ein leuchtend rotes, seidenes Nadelkissen an der Klinke einer Tür aus dem 18. Jahrhundert (unten), während der Schlüssel eines alten holländischen Schrankes mit einer Troddel verschönert wurde (S. 133 oben). Das Schloß einer Directoiretür wird von einer Vorhangschnur zusammengehalten (S. 133 unten).*

SEITE 134: Ute Middelhoek gestaltete dieses gemütliche Dachzimmer mit Möbeln aus dem 19. Jahrhundert – einem französischen Metallbett und einer holländischen faux-bois-*Kommode. Auch das Porzellan, der Quilt und die Bettwäsche wurden sorgfältig ausgewählt und stellen eine reizvolle Kombination dar.*

SEITE 135: Das offene Balkenwerk in ihrem niederländischen Stadthaus erinnerte Patricia Padberg an ein altes Bauernhaus. Also möblierte sie das Dachzimmer im rustikalen Stil.

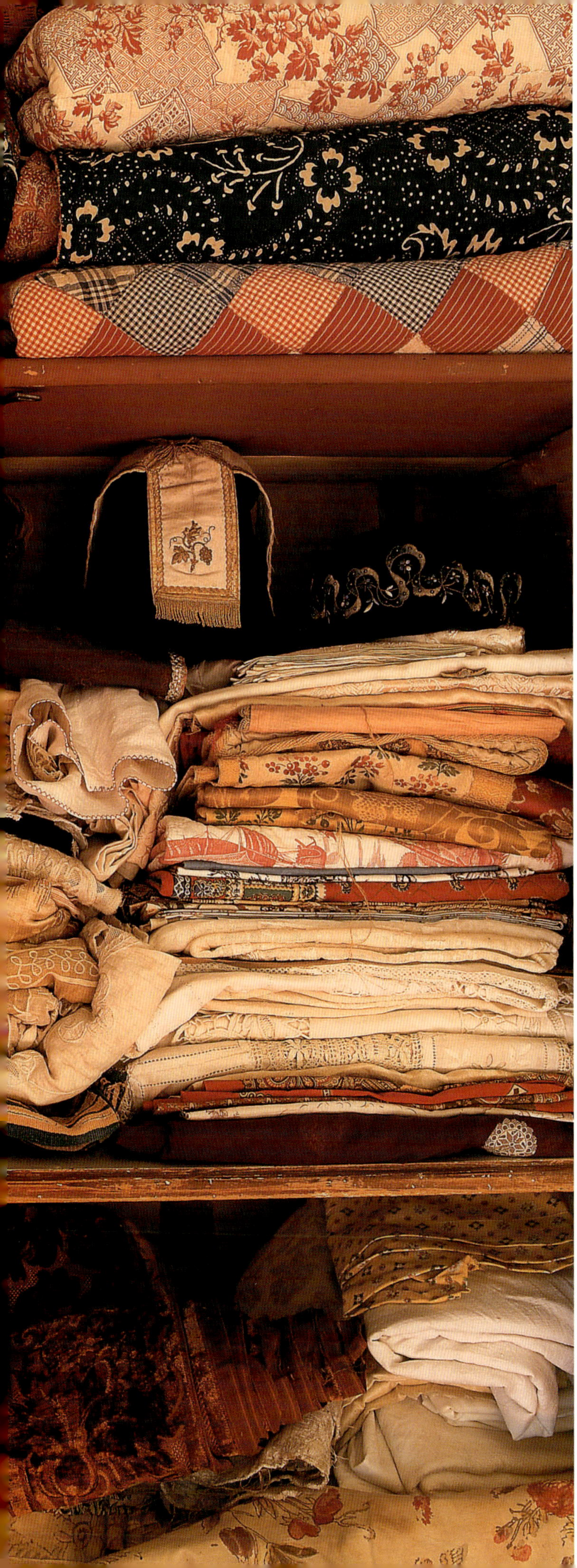

BADEZIMMER

Die Gestaltung des Badezimmers macht besonders viel Spaß, bieten sich hier doch nahezu unbegrenzte Möglichkeiten. Angesichts der unzähligen Stilrichtungen, so vieler unterschiedlicher Badewannen und so mannigfaltiger Fliesen, Möbel und Accessoires fällt es allerdings manchmal auch schwer, eine Entscheidung zu treffen. Vielleicht möchten wir Erinnerungen an die reichverzierten Baldachinbäder unserer Vorfahren wecken und die Wände mit Girlanden und Blumengewinden schablonieren. Vielleicht denken wir an Marmorplatten, weiche Teppiche oder

VORHERIGE DOPPELSEITE: Das Badezimmer seiner Pariser Wohnung richtete Frédéric Méchiche komplett im Directoirestil ein, indem er Nachbildungen und Originale miteinander kombinierte. Ein Konsolentisch aus jener Stilepoche wurde mit Hilfe einer in eine Marmorplatte versenkten Schüssel und antiker Armaturen in einen Waschtisch verwandelt. Die beiden ehemaligen Tôle-Petroleumlampen wurden elektrifiziert, die Wände erhielten einen leichten sepiabraunen Anstrich, um die Farbe gealterten Stuckputzes zu imitieren. Auf einem Sockel steht eine Terrakottabüste aus dem 19. Jahrhundert, die nach Houdons bekanntem Meisterwerk Die Frierende *angefertigt wurde. Auf moderne Errungenschaften wurde nicht verzichtet – hinter den historischen Türen, die man im Spiegel sieht, verbirgt sich eine Dusche. Zu der auf einem Steinsockel stehenden Kupferbadewanne aus der Directoirezeit gehört ein Wasserbehälter aus Blei in der Nische darüber. Der weiße Musselin am Fenster paßt zu den hellen Farben des mit schwarzen Cabochons eingelegten Steinfußbodens. Die abgerundeten Ecken des Zimmers wurden mit einer auch heute noch erhältlichen Grisaille-Tapete von Dufour aus dem 19. Jahrhundert dekoriert, die Kapitelle der klassizistischen Säulen eigens aus Harz gegossen.*

glatte Parkettböden, die einst die Mode bestimmten, vielleicht träumen wir aber auch – von der Vergangenheit inspiriert – von einem eher orientalischen Einrichtungsstil, von einem rosaroten Boudoir oder auch von einem klassizistischen Entwurf mit Kaiserbüsten und eingelassenem Bad – das stilvolle Ambiente für eine *femme fatale.* Oder steht uns der Sinn eher nach einem viktorianischen Privatgemach mit Palmen und Fransenvorhängen?

Die Einstellung zu Reinlichkeit und Bädern unterlag den wechselnden Moden der Jahrhunderte. Man weiß zum Beispiel, daß Heinrich IV. von Frankreich wegen seiner mangelnden Hygiene den Spitznamen »Ziegenbock« trug. Und es heißt, die einzige Frau am Hofe Ludwigs XV., die regelmäßig badete, sei Madame Dubarry gewesen, die zweimal täglich in eiskaltem Wasser untertauchte. Auch Napoleon bevorzugte es unter bestimmten Umständen, auf tägliche Waschungen zu verzichten. In einer kurzen Nachricht an seine geliebte Frau Josephine schrieb er: »Ich komme zu dir ... wasche dich nicht!« (Die Notiz wird in einem französischen Museum streng gehütet.) Doch gerade die Körperpflege wurde häufig mit Erotik in Verbindung gebracht. In Stichen aus dem 17. Jahrhundert sieht man schön gekleidete, hochwohlgeborene Damen bei der Morgentoilette ihre Verehrer empfangen, während die Zofe die Fußwaschung zelebriert.

Schon das klassische Altertum kannte raffinierte hygienische Rituale. Die alten Griechen befreiten sich vom Staub und Sand der Athener Straßen, indem sie sich mit Öl einrieben und den Schmutz anschließend mit einem speziellen Schabeisen, dem *strigilis*, abkratzten. Die Römer hielten diese Praxis wahrscheinlich für barbarisch, waren sie doch wahre Wasserratten. Dem Motto folgend, daß in einem gesunden und gepflegten Körper auch ein gesunder Geist sein möge *(mens sana in corpore sano)*, erfanden sie schließlich das Badezimmer mitsamt modernem Leitungssystem für fließendes warmes und kaltes Wasser. In den Thermen von Kaiser Caracalla fanden gut 1500 Menschen gleichzeitig Platz. Pikanterweise stehen zwei übergroße Granitwannen aus diesem Badetempel als Springbrunnen auf der Piazza Farnese in Rom, gegenüber dem Konvent des Birgittenordens. Wüßten die sanften Nonnen, was es mit »ihren« Springbrunnen auf sich hat, würden sie wohl schamhaft erröten.

Es überrascht nicht sonderlich, daß römische Motive bei der Badezimmergestaltung so beliebt sind. Offenbar sehen wir uns gern als Nero oder Poppaea und träumen von einem Bad in Eselsmilch. Eines der berühmtesten Beispiele für ein solches Bad entstand Ende des 18. Jahrhunderts in Paris, als der berühmte Architekt François-Joseph Belanger ein prachtvolles klassizistisches Haus für die skandalumwitterte Tänzerin und *grande horizontale* Mademoiselle Dervieux baute. Ihr Badezimmer schmückte er mit pompejischen Motiven und Kartuschen. Das Dekor erinnerte an attische Tonvasen, deren rotfigurige Darstellungen auf schwarzem Grund als Inbegriff des guten Geschmacks galten. Mademoiselle Dervieux gefiel die Arbeit ihres Architekten so gut, daß sie ihn später ehelichte.

Manch einer schwärmt vielleicht für den Glanz des Palladiostils, andere für die Antike mit ihrer Vorliebe für Säulen und Skulpturen. Man mag sich von den eleganten Formen aus der Zeit Ludwigs XV. angezogen fühlen oder ein einfaches, rustikales Zimmer vorziehen, mit rohen Dielen, einem Sitzbad aus Zink und einem hölzernem Handtuchständer. Alles ist erlaubt – es gibt weder Regeln noch Grenzen. Wer kreativ ist, wird die Ausschmückung seiner Badezimmerwände mit Fresken nicht scheuen, wird Schicht um Schicht Farbe oder Stuck »abnutzen«, um dieses gewisse florentinische Flair zu erzeugen, oder mit Bienenwachs auf matter Emulsion eine Art *stucco antico* für den Hausgebrauch herstellen.

Häßliche Fliesen lassen wir hinter einer Holztäfelung und einer Dufourtapete aus dem frühen 19. Jahrhundert verschwinden. Wir durchkämmen die Flohmärkte nach einem Kupferbad (mit passenden Schwanenhals-Armaturen) aus dem Directoire, nach der Kopie eines römischen Dreifußes oder eines klassizistischen Hockers mit gekreuzten Beinen. Vielleicht suchen wir auch einen wackligen »schwedischen« Tisch mit abblätterndem, rauchgrauem Lack und einen ebenso wackligen Waschtisch, weil nur dieses eine Möbelstück den Raum mit der roten Geranie auf der Fensterbank und den mit Musselin drapierten Fenstern in ein »echt« altschwedisches Bad verwandeln kann.

Wir würden uns niemals so viel Mühe geben, wäre das Bad nicht unsere rettende Zuflucht vor der Hektik und Geschäftigkeit der modernen Welt. Nancy Lancaster fand für diese Vorstellung von Trost und Geborgenheit die passenden Worte, als sie ihr Badezimmer im Kutscherhaus von Haseley Court beschrieb, einem wunderschönen Queen-Anne-Haus in Oxfordshire: »Mein Lieblingszimmer im Kutscherhaus ist das Bad ... Als Schminktisch benutze ich eine Kommode, deren Schubladen in Cambridgeblau gestrichen sind. An den Wänden hängen riesige weiße, mit blauem Papier bespannte Rahmen für die aus meinen Kodakbüchern gefertigten Collagen. Wenn ich dann in der Wanne liege, sind die liebsten Menschen und Orte meines Lebens um mich versammelt ...« Wir sollten uns bei der Gestaltung unseres Badezimmers von diesem Bild inspirieren lassen.

CHIEN
MECHANT

SEITE 140: Bei der Wandgestaltung des Badezimmers gibt es zahllose Möglichkeiten. Im französischen Landhaus von Maroeska Metz blieb im Bad, das gleich neben dem Paradeschlafzimmer liegt, eine altmodische toile-de-Jouy-*Tapete erhalten. Auf dem Speicher gefundene Möbel wurden passend zur Tapete blau bemalt und mit Stücken ergänzt, die Maroeska selbst entworfen hat – Kerzenhalter, Spiegel, Kronleuchter und Handtuchständer. Ein Zinkbad aus dem späten 19. Jahrhundert erhielt die dazu passenden Füße.*

SEITE 141

OBEN LINKS: Der italienische Innenarchitekt Stefano Mantovani schmückte seine Badezimmerwände mit weißen Achteckfliesen und schuf so optisch einen neutralen Hintergrund für seine gewagte Mischung aus klassizistischen Objekten, Möbelstücken aus dem Fin de siècle *und romantischen Gemälden.*

OBEN RECHTS: Jacques Garcia deutete mit zweifarbigen Wänden eine Vertäfelung an und behängte sie mit viktorianischen Fundstücken – ein Ambiente, wie man es im 19. Jahrhundert schätzte.

UNTEN LINKS: Eine umfangreiche Sammlung gerahmter Zeichnungen und Stiche kommt vor den schlichten Wänden dieses französischen Badezimmers am besten zur Geltung.

UNTEN RECHTS: In seinem Londoner Badezimmer hat sich Riccardo Cinalli von der Antike inspirieren lassen. Er deutete antike Fresken und einen Mosaikfußboden aus Marmor an.

SEITE 142: Im Badezimmer seiner Pariser Wohnung orientierte sich Jean-Luc Gauzère am traditionellen print room, *als er Tür und Wände mit historischen Stichen schmückte. Es fällt nicht schwer, sich in diesem Ambiente einen Balzacschen Helden vorzustellen, wie er in diesem strengen, maskulinen Zimmer seine täglichen Waschungen vornimmt und sich dabei, umgeben von Möbeln, Objekten und Wäsche aus dem frühen 19. Jahrhundert, in dem vergoldeten Empirespiegel mustert.*

OBEN LINKS: In diesem Pariser Badezimmer wurde eine Wanne geschickt in einer Rundbogennische untergebracht, die mit (echtem und falschem) Travertin ausgekleidet ist. Zwei gegenüberliegende Spiegel vervielfältigen die sorgfältig ausgewählten Accessoires bis ins Unendliche.

MITTE LINKS: In diesem Badezimmer entstand durch den Wandbehang aus großzügig drapiertem, reinweißem Musselin eine besonders romantische Stimmung. Vor einer solchen Wand kommen der reichhaltig verzierte Waschtisch im Stil des Fin de siècle – aus weißem Marmor und hellem Holz gefertigt –, der »Dagobert«-Stuhl aus dem 19. Jahrhundert, der hölzerne Handtuchständer und die historischen Accessoires ausgesprochen gut zur Geltung.

UNTEN LINKS: Ein antiker Waschtisch mit Marmoraufsatz und Originalarmaturen erzeugt in diesem sonst so modernen Bad eine nostalgische Atmosphäre. Das Muster der Fliesen reflektiert den Geschmack der Jahrhundertwende.

LINKS: Schränke und Holztäfelungen können die verschiedensten Stimmungen erzeugen – von luxuriös bis funktional. In einem Gästezimmer seiner Amsterdamer Wohnung schuf der amerikanische trompe-l'œil-*Virtuose Jay Henry Kester in einem Wandschrank diesen Waschbereich. Er baute ein altmodisches Porzellanwaschbecken, dazu passende Armaturen, eine Marmorplatte und darüber einen antiken Spiegel ein. Der Abnutzung der Farbe an Türen und Paneelen wurde zugunsten des authentischen Flairs ein wenig nachgeholfen.*

RECHTS: In diesem Londoner Bad erzeugt die massive Mahagoni-Vertäfelung eine maskuline, eduardianische Atmosphäre. Das Muster des Steinfußbodens ergänzt den strengen Stil des Zimmers in idealer Weise. Der Obelisk – das einzige rein dekorative Element im Raum – ist eine moderne Replik aus der berühmten Manufacture de Sèvres.

SEITE 146: Der Architekt James Joseph stattete das Badezimmer seines amerikanischen Landhauses mit einem Wandschrank aus, der mit der Schlichtheit des gesamten im Shakerstil gehaltenen Raums harmoniert. Er bildet einen wunderbaren Hintergrund für die alte Truhe und den betagten Stuhl.

SEITE 147: Die Wanne wurde in einen kleinen Alkoven eingelassen, dessen Rückwand eine große grauweiße Marmorplatte schmückt. Spartanisch einfach sind der schlichte Tisch aus dem 19. Jahrhundert mit Porzellanwaschbecken und die rustikalen Holzdielen.

GARTEN-RÄUME

Als Königin Christine von Schweden im 17. Jahrhundert den Garten des für Kardinal Alessandro erbauten Palazzo Farnese in Caprarola südöstlich von Viterbo besuchte, war sie von der heidnischen Schönheit von Pietro Berninis Karyatiden so berückt, daß sie ausrief: »Hier wage ich den Namen des Herrn gar nicht auszusprechen, sonst bricht der Zauber!« Und die Herrscherin hatte nicht ganz unrecht. Berninis Kanephoren hatten dort zwar schon seit 1620 gestanden, gehörten aber einer viel älteren, heidnischen Tradition der Gartengestaltung an, die bis ins alte Rom zurückreichte. Heute traut man im Garten der Hadriansvilla in Tivoli seinen Augen kaum, wenn man neben der bröckelnden Marmorkolonnade und einer Handvoll marmorner Götter ein ziemlich ausgefallenes Steinkrokodil sieht, das sich in solch vornehmer Gesellschaft wie ein Gartenzwerg ausnimmt. Die alten Römer stellten eben ihren schlechten Geschmack zuweilen recht ungeniert zur Schau.

Vielleicht ist die italienische Passion für die Gartengestaltung auch ein Beleg für die Behauptung des berühmten niederländischen Architekten Sybold von Ravestyn, daß der Mensch ein natürliches Bedürfnis nach Ornamentik habe. Stellte man jemanden vor die Wahl zwischen einfachem und farbig geädertem Marmor, so glaubte er, würde der Betreffende in jedem Fall letzteren wählen. Dieser Theorie hätten Ludwig XIV. und sein begabter Gartenarchitekt André Le Nôtre wohl ohne Zögern zugestimmt: Die Gärten von Versailles sind schließlich so etwas wie das größte Freiluft-Skulpturenmuseum der Welt – es befinden sich dort wahrscheinlich mehr steinerne Götter und Göttinnen als im Pantheon.

Eine der großen Passionen des Monarchen (einmal abgesehen von seiner Passion, jungen Nymphen hinter den Büschen seines Palastes nachzustellen) galt dem Ausrichten prachtvoller Gartenfeste, mit denen er vor allem seine Höflinge nach Versailles holen und dort halten wollte. Zur Vorbereitung pflegte seine Dienerschaft die Gärten mit aufwendigen Bauten zu schmücken, hoch aufragenden Pyramiden mit Gebilden aus Marzipan, Karamellen und Blumen. Plastiken, vergoldete *torchères*, Kerzenhalter und Säulen wurden aufgestellt, es gab sogar Springbrunnen und Orangenbäume, auf denen kandierte Früchte »wuchsen«. Das alles mag übertrieben gewesen sein, doch bescherte es der Gartenarchitektur einen Aufschwung, den sie seit der Renaissance nicht erlebt hatte.

Als der exilierte französische Architekt Daniel Marot von König Wilhelm III. von Oranien in den Niederlanden mit der Renovierung des Palais Het Loo und seiner Gärten beauftragt wurde, »borgte« er sich die Entwürfe für die Gartenurnen von unbekannten Bildhauern und fertigte Stiche davon an. Diese veröffentlichte er später in einem Buch, das ihm international Ruhm und Anerkennung einbrachte. Die »französischen« Gärten in den Niederlanden verdanken vieles der Ornamentsprache dieses gewitzten Hugenotten. In den Gärten der reichen Kaufleute von Den Haag und Amsterdam ebenso wie in den penibel gepflegten Adelssitzen auf dem Lande erlebten barocke Vasen, eindrucksvolle Laubengänge, Lusthäuser, Teepavillons, vergoldete Sonnenuhren und Marmorbüsten auf Rocaille-Sockeln, die die vier Jahreszeiten darstellen, eine nie gekannte Blüte. Und schon bald ließ sich der Rest der Welt von diesem Trend mitreißen.

Aus William Chambers' 1763 erschienenem Buch *The Garden and Buildings at Kew in Surry* (1763) geht hervor, daß

SEITE 148: Im Gartenraum eines niederländischen Landhauses wurden Blumentöpfe und Weidenkörbe in einem alten Regal zu einem schönen, fast einfarbigen Stilleben arrangiert. Alte Tontöpfe sind meist Handarbeit und wegen ihres individuelleren Aussehens interessanter als industriell hergestellte Ware. Heute findet man gute Reproduktionen, vorrangig aus Italien, im Gartencenter.

SEITE 149: Diese romantische, intime Ecke entstand auf einer kleinen Dachterrasse im Herzen der Amsterdamer Altstadt. Ein Tisch, ein Korbsessel und eine Fülle von Topfpflanzen heben sich gegen das rankende Efeu und die weiß getünchte Steinmauer ab.

sich in den Gärten des 18. Jahrhunderts ebenso viele Gebäude, Statuen und Monumente befanden wie Bäume und Sträucher. Die Menschen georgianischer Zeit liebten die Natur und den von Capability Brown populär gemachten »natürlichen« Landschaftsgarten, doch bei ihren Spaziergängen mochten sie eine gelegentliche Begegnung mit einem klassizistischen Tempel oder einer Pseudoruine nicht missen. »Was einst Wüste war, ist heute ein Garten Eden«, notierte Chambers, und zu den gut zwanzig Bauwerken in Kew Gardens, die er beschrieb, gehörten unter anderem acht Tempel, eine Ruine, eine Moschee, ein gotisches Gebäude, eine chinesische Pagode und »eine semi-oktagonale, von Herrn Kent entworfene Sitzgelegenheit«.

Jean-Jacques Rousseaus Philosophie der Rückwendung zur Natur förderte demgegenüber eine Vorliebe für schlichte, idyllische Szenen. So ließ Marie-Antoinette im Schatten ihres Trianon – Le Moulin Hameau – eine »bescheidene« Gruppe von reetgedeckten Häuschen errichten. Dort erging sie sich als Schäferin, die, in Samt und Seide gehüllt, blitzsaubere Schafe hütete. Und die Illustrationen in William Wrights Buch *Grotesque Architecture and Rural Ornament* (1790) spiegeln deutlich das zeitgenössische Verlangen nach bizarren Höhlen und Pavillons im Hänsel-und-Gretel-Stil, auf die Disneyland heute stolz wäre. Exotika hatten Hochkonjunktur. Friedrich der Große, König von Preußen und »männliche Muse« Voltaires, ließ beispielsweise im Garten von Sanssouci eine Pagode bauen, die er um mehrere Gruppen üppig vergoldeter Chinesenstatuen ergänzte, um seinen Garten mit einer besonderen orientalischen Note zu bereichern.

Im 19. Jahrhundert schließlich wirkten sich Industrialisierung und Massenproduktion auch auf die Gartengestaltung aus: Selbst das kleinste Stückchen Grün wurde mit einem Gewächshaus bedacht, mit schmiedeeisernen Bänken, die kunstvolles Astgewirr imitierten, oder mit einem Paar riesiger, mit stachligen Drachenbäumen bepflanzter Medicivasen. Der Garten wurde zum Phantasieobjekt seines Besitzers, der sich nur zu gern von den großen Weltkulturen inspirieren ließ. Die Viktorianer schufen japanische, ägyptische oder tropische Gärten und dekorierten sie mit Orangerien, Treibhäusern, Volieren und »römischen« Badehäusern, hier und da sogar mit einem Mausoleum. Und so mancher wagemutige Gartenliebhaber kombinierte verschiedene Stilrichtungen, fiel damit aber nicht weiter unangenehm auf.

Aus diesem großen Fundus an Materialien kann heute jeder schöpfen, der einen »historischen« Garten plant. Man mag sich sogar fragen, ob auf diese Fragmente der Vergangenheit überhaupt verzichtet werden kann. Was würden wir ohne den moosbewachsenen Obelisken oder die antike Statue der Hebe tun, die den modernen Rosengarten ziert? Sähe die bröckelnde Nische in der alten Mauer ohne die Reste der Urne aus dem 18. Jahrhundert nicht öd und leer aus? Eine rostige Pforte in der gestutzten Buchsbaumhecke wird heute nicht mehr durch eine moderne Kopie ersetzt, und die Gartenlaube, die schon bessere Tage gesehen hat, bleibt erhalten. Wir schätzen im Gegenteil die romantische Ausstrahlung des alten Schuppens mit seinem gotischen Fenster, dessen Buntglas schon vor langer Zeit verlorenging. Heute haben wir es mit dem Abreißen nicht mehr so eilig, denn endlich fühlen wir uns als Hüter der Vergangenheit.

SEITE 152: Keith Skeel ergänzte sein Landhaus in Suffolk durch einen modernen Wintergarten, den er mit alten Korbmöbeln und Steinguttöpfen einrichtete.

SEITE 153: Die Pflanzbehälter sind nach viktorianischer Manier üppig gefüllt, passend zum Stil des Hauses aus dem 19. Jahrhundert. Draußen auf der Terrasse wurde eine Urne mit einem einfachen, aber wirkungsvollen Blumenarrangement bepflanzt. Klassizistische gußeiserne Urnen wie diese erzeugen in historischen Gärten ein authentisches Flair. Gute Kopien gibt es im Fachhandel. Nach ein, zwei Jahren haben sie so viel Patina angesetzt, daß sie vom Original kaum noch zu unterscheiden sind.

OBEN RECHTS: Schon ein oder zwei herausragende Stücke können einer schlichten Umgebung zu neuem Leben verhelfen. In diesem Hinterhof eines Hauses im Pariser Raum erreichte der Besitzer – ein Antiquitätenhändler – diesen Effekt mit einem kostbaren Chinoiserie-Tôle-*Pavillon und zwei verspielt wirkenden, schmiedeeisernen Gartenstühlen. Das Ensemble fügte sich so gut in den Hintergrund ein, als hätte es schon Jahrhunderte hier gestanden.*

MITTE RECHTS: Die elegante Sitzecke in diesem Hof eines Herrenhauses in Den Haag besteht aus gußeisernen Gartenstühlen und Urnen aus dem 19. Jahrhundert sowie Statuen aus einer noch früheren Epoche. Die lange Gartenbank mit dem geschwungenen Gitterspalier wurde nach Anweisungen des Besitzers gefertigt, der sich dabei, wie auch bei den in Korkenzieherform geschnittenen Buchsbäumen, von Beispielen aus dem 18. Jahrhundert inspirieren ließ.

UNTEN RECHTS: Original erhaltene Gartenelemente sollte man so belassen, wie sie sind. Diese alte Laube im Garten eines schwedischen Hauses besitzt noch ihren ursprünglichen Anstrich. Hellblau und cremefarben war eine beliebte Farbkombination im 19. Jahrhundert.

RECHTS: Historische Architekturelemente verdienen es, hervorgehoben zu werden. In Ute Middelhoeks bescheidenem Gärtchen sind das runde Küchenfenster und der Durchgang zum Kräutergarten vollständig von Efeu überwachsen. Eine gemütliche Sitzgruppe, bestehend aus einer alten Gartenbank, einem Tisch und Klappstühlen, lädt zu einer Mahlzeit im Freien oder zum Entspannen ein.

SEITE 156: Die schmiedeeisernen Möbel in diesem Gärtchen hoch oben auf den Klippen eines Dorfes in Südfrankreich erhielten einen olivgrünen Anstrich. Statt eines neuen Sonnenschirms wählten die Besitzer ein älteres Exemplar, das gut zu Form und Farbe von Tisch und Stühlen paßt.

SEITE 157: Dieser romantische Winkel wurde in einem großen, repräsentativen Garten eingerichtet. Aus einer Nische der geschwungenen Steinmauer plätschert das Wasser eines kleinen Springbrunnens hinab. Die Reproduktion einer gußeisernen Bank aus der Zeit um die Jahrhundertwende steht zwischen Sträuchern und Pflanzbehältern mit Blumen. In diese lauschige Ecke zieht man sich nachmittags gerne zurück, um zu lesen oder Tee zu trinken.

LINKS: In der Nische einer alten Gartenmauer in Oxfordshire steht eine klassizistische Steinurne mit uralter Patina, Rissen und Zeichen von Restauration. Von wuchernden Grünpflanzen umrankt, bietet sie ein unvergeßliches Bild vergangener Schönheit.

RECHTS: Wie durch ein Wunder hängt diese vom Zahn der Zeit schon arg zerfressene Gartentür noch an einem ihrer Scharniere. Hätte man sie erneuert, wäre die Romantik dieser Geheimverbindung zwischen Garten und Stall unwiederbringlich verloren gewesen.

BEZUGSQUELLEN

(Die nachstehend genannten Adressen sind nach Ländern und innerhalb des Landes alphabetisch sortiert. Die deutschsprachigen Länder bilden den Anfang.)

DEUTSCHLAND

BERLIN

Alterna Kontor für antike Öfen
Am Rosenanger 81
13465 Berlin
Tel.: 0 30 / 4 01 40 80
Gußeiserne, Emaille- und Kachelöfen. Außerdem Kamine sowie gußeiserne und antike Gartenmöbel.

Asta von Bethmann-Hollweg und Volker Westphal
Kunsthandel
Riehlstraße 11 a
14057 Berlin
Tel.: 0 30 / 3 21 23 32
Berliner Silber aus dem 18. und 19. Jahrhundert. Skulpturen und klassizistische Möbel.

Buch- und Kunstantiquariat H.H. Koch
Kurfürstendamm 216
10719 Berlin
Tel.: 0 30 / 8 82 63 60
Stiche und Bücher von 1400 bis 1950.

Kleihues Antiquitäten
Keithstraße 19
10787 Berlin
Tel.: 0 30 / 2 13 68 62
Englisches und deutsches Silber vom 17. Jahrhundert bis heute.

AUSSERHALB VON BERLIN

Antike Uhren Peter Heuer
Zur Munte 6
28213 Bremen
Tel.: 04 21 / 21 11 26
Uhren aus dem 18. und 19. Jahrhundert.

Antiquitäten Sievert
Tölzerstraße 129
83703 Gmund
Ortsteil Finsterwald
Tel.: 0 80 22 / 7 48 77
Süddeutsche Volkskunst, Bauernmöbel, Keramik und Skulpturen.

Konrad O. Bernheimer
Promenadeplatz 13
80333 München
Tel.: 0 89 / 22 66 72
Chinesisches Porzellan, alte Meister und Möbel.

István Csonth
Bamberger Tassenkabinett
Karolinenstraße 22
96049 Bamberg
Tel.: 09 51 / 5 35 42
Porzellantassen aus dem 18. und 19. Jahrhundert.

Kunsthandel Glass
Hans-Luther-Allee 21
45131 Essen
Tel.: 02 01 / 77 49 33
Korduanleder und goldgeprägtes Leder aus dem 16. bis 18. Jahrhundert.

Bernhard ter Hazeborg
Milchstraße 11
20148 Hamburg
Tel.: 0 40 / 4 10 10 16
Englische, norddeutsche, dänische und schwedische Möbel aus dem 18. und 19. Jahrhundert.

Karin Jansky
Yorckstraße 29
76185 Karlsruhe
Tel.: 07 21 / 84 13 76
Französische Landmöbel, vor allem Tische.

Keysetlingk & Ladron De Guevara
Wilhelm-Weitlingstraße 3
01259 Dresden-Kleinzschachwitz
Tel.: 0 21 51 / 50 10 70
Klassizistische Möbel und Biedermeiermöbel.

Benedikt Korth
St.-Apern-Straße 7
50667 Köln
Tel.: 02 21 / 2 57 48 38
Antike Tapeten, Textilien, Vertäfelungen und Gartenskulpturen.

Kunstantiquariat C.G. Boerner
Kasernenstraße 13
40213 Düsseldorf
Tel.: 02 11 / 13 18 05
Zeichnungen und Stiche.

Kunsthandel Dr. Thomas Schmitz-Avila
Koblenzer Straße 36 und 55
53498 Bad Breisig
Tel.: 0 26 33 / 9 79 14
Barock-, Empire- und Biedermeiermöbel.

Kunsthandel Schlapka KG
Gabelsbergerstraße 9
80333 München
Tel.: 0 89 / 28 86 17
Biedermeiermöbel und -kunst.

Trax Matthies
Schwarzer Weg 5 a
22309 Hamburg
Tel.: 0 40 / 6 30 70 26
Klassisches Spektrum von Baumaterialien: Säulen, Balustraden, Bögen und Türen.

Otto von Mitzlaff
Kunsthandel
Schloß 2
63607 Wächtersbach
Tel.: 0 60 53 / 39 2728 14 82
Deutsche Möbel des 18. und 19. Jahrhunderts, spezialisiert auf Möbel von Abraham und David Roentgen.

Frank C. Möller
Milchstraße 10
20148 Hamburg
Tel.: 0 40 / 45 03 50 47
Kunst, klassizistische Möbel, Schinkel-Gartenmöbel.

Ursula Niederecker
Galerie am Herzogpark
Kufsteinerplatz 5
81679 München
Tel.: 0 89 / 98 18 00
Empire- und Biedermeiermöbel.

Urs S. Niederoest
Hohe Bleichen 22
20354 Hamburg
Tel.: 0 40 / 34 42 11
Porzellan berühmter deutscher Hersteller (Meissen, KPM Berlin, Nymphenburg, Ludwigsburg) sowie Möbel, Silber und Gobelins aus dem 18. und 19. Jahrhundert.

Pendulum:
Dr. Hermann Specht
Maria-Louisen-Straße 5
22301 Hamburg
Tel.: 0 40 / 48 62 14
Standuhren und Regulatoren aus dem 18. und 19. Jahrhundert.

Helga Maria Weber
Eppendorfer Baum 23
20249 Hamburg
Tel.: 0 40 / 47 85 93
Antike Rahmen aus Italien, Frankreich, Spanien und Deutschland.

Weber Garteneinrichtungen
Liszthof 10
49076 Osnabrück
Tel.: 05 41 / 6 51 27
Wiederverwertbare Baustoffe aus England sowie antike Gartenmöbel.

ÖSTERREICH

WIEN

Antiquitäten C. Bednarczyk
Inh. Elisabeth Sturm-Bednarczyk
Dorotheergasse 12
1010 Wien
Tel.: 01 / 5 12 44 45 oder 5 12 71 26
Einrichtungen des 18. Jahrhunderts, frühes Wiener und Meißner Porzellan, österreichische und deutsche Bilder des 19. Jahrhunderts.

bel etage
Wolfgang Bauer
Mahlerstraße 15
1010 Wien
Tel.: 01 / 5 12 23 79
Jugendstil-Objekte und -Einrichtungsgegenstände, Objekte der Wiener Werkstätte, Glaskunst von Lötz, Keramiken, Gemälde des 20. Jahrhunderts.

Dorotheum
Dorotheergasse 17
1010 Wien
Tel.: 01 / 5 15 60-0
Eines der größten Kunstauktionshäuser Europas, auch freier Verkauf, neben Kunst auch Möbel und Bücher.

Reinhold Hofstätter
Kunsthandel
Bräunerstraße 12
1010 Wien
Tel.: 01 / 5 33 50 69 oder 5 33 50 70
Möbel vom 16. bis 19. Jahrhundert, Kunstgewerbe, Skulpturen in Holz, Bronze und Stein, Gemälde des 19. Jahrhunderts, Alte Meister.

Glasgalerie
Michael Kovacek
Spiegelgasse 12
1010 Wien
Tel.: 01 / 5 12 99 54
Die erste Adresse für wertvolle alte Gläser (1600–1930) und Vasen (Tiffany).

Kunsthandel und Antiquitäten
Sonja Reisch
Stallburggasse 4
1010 Wien
Tel. 01 / 5 35 52 15
Schatztruhe des Biedermeier.

Ingrid Zerunian
Piaristengasse 18
1010 Wien
Tel.: 01 / 4 02 97 84
Kompetente Beratung durch die Besitzerin, hilft bei Sonderwünschen, Möglichkeit zur Restaurierung.

Weber – Kunst und Antiquitäten
Währinger Straße 147
(nordwestlich der A 1)
1180 Wien
Tel.: 01 / 4 79 83 30
Geheimtip für Kenner: spezialisiert auf Biedermeier, Kunstobjekte von Barock bis Jugendstil.

SCHWEIZ

ZÜRICH

Lope Atelier
Zähringer Straße 26
8001 Zürich
Tel.: 01 / 2 61 61 46
Antike und neue Spiegel, Intérieur, Antike Bilderrahmen, Leuchter, Kunstobjekte.

Extra
Oetenbachgasse 3
8001 Zürich
Tel.: 01 / 2 21 32 62
Lampen aus den 1920er und 1930er Jahren, Spiegel und Spiegelrahmen auch aus früheren Jahrhunderten.

Antiquité Edmond Lutz
Inh. Oliver Krimmer
Kirchgasse 21
8001 Zürich
Tel.: 01 / 2 52 43 36
Antike Möbel, Kunstgewerbe, Antikschreinerei, Restaurierung.

Galerie Koller
Hardturmstraße 102
8031 Zürich
Tel.: 01 / 2 73 01 01
Möbel, Gemälde, Teppiche, Porzellan, Jugendstil und Art déco, Glas, Asiatica, Graphiken.

AUSSERHALB VON ZÜRICH

Karl Rudolf Curiger
Birmensdorfer Straße 24
8142 Uitikon
Tel.: 01 / 4 93 16 66
Möbel, Uhren, Teppiche, Bilder, Jugendstil, Leuchter, Spiegel, Art déco.

Ante Prima
Usterstraße 87
8620 Wetzikon
Tel.: 01 / 9 32 42 04
Antikschreinerei, Ausstellung, Möbel, Restaurierung.

FRANKREICH

PARIS

Michelle Aragon
21, rue Jacob
75006 Paris
Tel.: 01 / 43 25 87 69
Möbel, Geschirr, alte Wäsche mit Stickereien.

Art Cadre
18, rue de Beaune
75007 Paris
Tel.: 01 / 47 03 93 56
Antike Bilderrahmen.

Auberlet et Laurent
8, boulevard du General Giraud
Saint Maur
Tel.: 01 / 48 85 95 99
Dekorative Gipsarbeiten für das Haus, alle Stilepochen.

Aux Fils du Temps
33, rue de Grenelle
75007 Paris
Tel.: 01 / 45 48 14 68
Alte Textilien, *boutis* aus der Provence und eine reichhaltige Auswahl an Tischwäsche.

Patrice Bellanger
198, boulevard Saint Germain
75007 Paris
Tel.: 01 / 45 44 19 15
Europäische Skulpturen aus dem 17. bis 19. Jahrhundert.

Braquenié
111, boulevard Beaumarchais
75003 Paris
Tel.: 01 / 48 04 30 03
Textilien.

Josy Broutin
8, rue des Francs Bourgeois
75004 Paris
Tel.: 01 / 42 72 59 80
Antiquitäten aus dem 18. und frühen 19. Jahrhundert. Spiegel, Lampen, Möbel, Geschirr und alte Stoffe. Tisch- und Bettwäsche.

Comoglio
22, rue Jacob
75006 Paris
Tel.: 01 / 43 54 65 86
Mit zeitgenössischen Dokumenten bedruckte Stoffe aus dem 18. und 19. Jahrhundert.

François Hayem
13, rue du Bac
75007 Paris
Tel.: 01 / 42 61 25 60
Möbel und *objets d'art* aus dem 17. und 18. Jahrhundert.

Dominique Heidenger
Marché Serpette (Marché aux Puces de Clignancourt)
No 24 Allée 3
93400 Paris
Tel.: 01 / 45 34 33 85
Skulpturen, Architekturelemente, Altmaterialien und *objets d'art.*

Galerie Nicole Altero
21, quai Voltaire
75007 Paris
Tel.: 01 / 42 61 19 90
Antikes Glas, Möbel und *objets d'art* aus dem 17. und 18. Jahrhundert.

Galerie Golovanoff
21, rue de Beaune
75007 Paris
Tel.: 01 / 42 61 03 75
Klassizistische Möbel und *objets d'art* aus Nordeuropa und Rußland.

Gerard Monluc
7, rue de l'Université
75007 Paris
Tel.: 01 / 42 96 18 19
Möbel und *objets d'art* aus dem 17., 18. und 19. Jahrhundert. Auch auf Kachelöfen aus Südfrankreich und Nordeuropa spezialisiert.

Renotte
61, rue du Faubourg Saint Antoine
75004 Paris
Tel.: 01 / 43 43 39 58
Reproduktionen von Beschlägen und Zubehör für Möbel aller Stilrichtungen.

Christophe Reynal
Marché Paul Bert Stand 421
(Marché aux Puces de Clignancourt)
Allée 7
93400 Paris
Tel.: 01 / 40 12 90 77
Antike Rahmen.

Girard Sudron
47, rue des Tournelles
75003 Paris
Tel.: 01 / 44 59 22 20
Beleuchtung, vor allem elektrische »Kerzen«.

Le Temps Retrouvé
6, rue Vauvilliers
75001 Paris
Tel.: 01 / 42 33 66 17
Alte Tischwäsche, Bettwäsche und Geschirr, Spitze und Taschentücher.

AUSSERHALB VON PARIS

Galerie Lestranger
Place Saint Jean de Renaud
13210 Saint Rémy de Provence
Tel.: 04 / 90 92 57 14
Provenzalische Möbel, Keramik, Zeichnungen und Gemälde aus dem 18. und 19. Jahrhundert.

Jean François Hermanovits
4, rue Antoine Gautier
06300 Nice
Tel.: 04 / 92 04 20 80
Ausgefallene Möbel und Objekte aus dem 18. Jahrhundert.

Origines
14, rue d'Epernon Maulette
78550 Houdan
Tel.: 01 / 30 88 15 15
Historische Steinkamine, Stein- und Marmorfußböden, Türen und Vertäfelung, Bauelemente und Ornamentik.

David de Sauzéa
28, rue Ségurane
06300 Nice
Tel.: 04 / 93 55 88 33
Ungewöhnliche Möbel und *objets d' art* aus dem 18. und 19. Jahrhundert.

Zuber
28, rue Zuber
68170 Rixheim
Tel.: 03 / 89 44 13 88
Handbedruckte Tapeten und Textilien nach zeitgenössischen Dokumenten.

GROSSBRITANNIEN

LONDON

Acquisitions Fireplaces Ltd.
24–26 Holmes Road
London NW5 3AB
Tel.: 01 71 / 4 85 49 55
Handgefertigte Kamine aus Marmor.

Classic Bindings
61 Cambridge Street
London SW1 4PS
Tel.: 01 71 / 8 34 55 54
Antike Bücher.

Joanna Booth Antique Textiles
247 King's Road
London SW3 5EL
Tel.: 01 71 / 3 52 89 98
Alte Textilien.

Carlton Hobbs
46 Pimlico Road
London SW1 8LP
Tel.: 01 71 / 7 30 36 40
Europäische Möbel aus dem 18. und 19. Jahrhundert.

The Dining Room Shop
62–64 White Hart Lane
London SW13 0PZ
Tel.: 01 81 / 8 78 10 20
Antiquitäten für das Speisezimmer.

Andrew Edmunds
44 Lexington Street
London W1R 3LH
Tel.: 01 71 / 4 37 85 94
Europäische Stiche und Zeichnungen. Spezialisiert auf Karikaturen und 18. Jahrhundert

The Furniture Cave
533 King's Road
London SW10 0TZ
Tel.: 01 71 / 3 52 70 13
Europäische Möbel aus dem 18. und 19. Jahrhundert, *objets d'art*, Gemälde, Stiche und Architekturelemente.

Gallery of Antique Costumes & Textiles
2 Church Street
London NW8 8ED
Tel.: 01 71 / 7 23 99 81
Alte Textilien (ab 17. Jh.).

Glass Houses
Barnsbury Street
London N1 1PW
Tel.: 01 71 / 6 07 60 71
Wintergärten und Gewächshäuser.

Gray's Antique Market
1–7 Davies Mews
London W1Y 2LP
Tel.: 01 71 / 6 29 70 34
Objets d'art, Schmuck, Silber, Porzellan und Uhren.

The London Architectural Salvage & Supply Company (LASSCo.)
St Michael's
Mark Street (Ecke Paul Street)
London EC2A 4ER
Tel.: 01 71 / 7 39 04 48
Alte Fußböden, Vertäfelung, Architekturelemente und Kamine.

Lunn Antiques
86 New King's Road
London SW6 4LU
Tel.: 01 71 / 7 36 46 38
Alte Wäsche, Spitzengardinen und Tagesdecken.

Anthony Outred
The Furniture Cave
533 King's Road
London SW10 0TZ
Tel.: 01 71 / 3 52 88 40
Schöne klassizistische Möbel aus dem 18. und 19. Jahrhundert. Historische Stücke aus Rußland und Skandinavien, sowie Skulpturen.

Chelsea Showroom
Chelsea Design Centre
Lots Road
London SW10 0XE
Tel.: 01 71 / 3 75 46 28
Handgedruckte Papiertapeten, auf Wunsch Katalogversand.

Anthony Redmile Ltd.
The Furniture Cave
533 King's Road
London SW10 0TZ
Tel.: 01 71 / 3 51 38 13
Reproduktionen klassischer Skulpturen, Medaillons und Schmuckplatten.

Seago
22 Pimlico Road
London SW1 8LJ
Tel.: 01 71 / 7 30 75 02
Gartenschmuck und -skulpturen.

Keith Skeel
94–98 Islington High Street
London N1 8EG
Tel.: 01 71 / 2 26 70 12
Antiquitäten und Kuriositäten, englische und kontinentaleuropäische Möbel, Spiegel, Kronleuchter, Skulpturen und *objets d'art.*

Through the Looking Glass
563 King's Road
London SW6 2ED
Tel.: 01 71 / 7 36 77 99
Antike Spiegel.

AUSSERHALB VON LONDON

Antiques and Country Pine
14 East Street
Crewkerne
Somerset TA18 7AG
Tel.: 0 14 60 / 7 56 23
Landmöbel und antike Kiefernholzmöbel.

Batheaston Chairmakers
Leafield Industrial Estate
Corsham
20 Leafield Way Estate
Wiltshire SN13 9SW
Tel.: 0 12 25 / 81 12 95
Reproduktionen, vor allem von alten Eichentischen und Kabinettschränken im Landhausstil.

Context Weavers
Park Mill, Holcombe Road
Helmshore
Rossendale
Lancashire BB4 4NP
Tel.: 0 17 06 / 22 09 17
Reproduktionen bäuerlicher Textilien aus dem 18. Jahrhundert.

Crowther of Syon Lodge
Syon Lodge
Bush Corner
London Road
Isleworth
Middlesex TW7 5BH
Tel.: 01 81 / 5 60 79 78
Antiquitäten für den Garten, historische Architekturelemente, Kamine, Vertäfelung und Eisenarbeiten.

Haddonstone
The Forge House
Church Lane
East Haddon
Northampton NN6 8DB
Tel.: 0 16 04 / 77 07 11
Klassische Baustoffe, Skulpturen und Gartenschmuck.

Hennessy
42 East Street
Crewkerne
Somerset TA18 7AG
Tel.: 0 14 60 / 7 80 60
Landmöbel.

The Old Forge
Huntington Antiques Ltd.
Church Street
Stow-on-the-Wold
Gloucestershire GL54 1BE
Tel.: 0 14 51 / 83 08 42
Landmöbel.

Sweerts de Landas
Dunsborough Park
Ripley
Surrey GU23 6AC
Tel.: 0 14 83 / 22 53 66
Antiker Gartenschmuck aus dem 17., 18. und 19. Jahrhundert.

Walcot Reclamation
108 Walcot Street
Bath BE1 5BG
Tel.: 0 12 25 / 44 44 04
Alte Architekturelemente und traditionelle, alte Baustoffe.

NIEDERLANDE

AMSTERDAM

Affaire D'Eau
Haarlemmerdijk 148-150
Amsterdam 1013 EZ
Tel.: 0 20 / 4 22 04 11
Antike Badezimmer und Küchen mit Accessoires.

Anouk Beerents
Prinsengracht 467hs
Amsterdam 1016 HP
Tel.: 0 20 / 6 62 85 98
Französische und italienische Spiegel aus dem 17. und 18. Jahrhundert.

L.J. Mennink Antiekverkopers
Spiegelgracht 21
Amsterdam 1017 JP
Tel.: 0 20 / 6 27 09 33
Antikes Mobiliar für Bibliotheken, u.a. Bücherschränke, Trittleitern und Schreibpulte.

Van Duyvendijk & Brouwer
Nieuwe Spiegelstraat 46
Amsterdam 1017 DG
Tel.: 0 20 / 6 24 85 99
Antike Stiche, Radierungen und Gemälde.

Van Meeuwen Tapijten
P.C. Hooftstraat 101
Amsterdam 1071 CC
Tel.: 0 20 / 6 62 11 09
Antike Orientteppiche.

AUSSERHALB VON AMSTERDAM

Pieter van der Aa
Vlietkade 7012
Arkel 4240 NA
Tel.: 01 83 / 5 62 44
Antike Fußböden aus Europa und Asien.

Bastings & Van Tuijl
Walstraat 64–66
Oss 5340 NA
Tel.: 04 12 / 62 38 43
Chinesisches Porzellan 1682–1722, Qianlong, Louis-seize und Empire. Möbel aus dem 17. und 18., Gemälde aus dem 18. und 19. Jahrhundert.

Decoration Empire
Peperstraat 22a
Gouda 2800 NA
Tel.: 01 82 / 58 33 41
Stiche aus der Zeit von 1500–1860, antike Rahmen, Rahmenservice.

The English Antique Shop
Graaf de Hompeschstraat 1
Ohé en Laak 6109 NA
Tel.: 04 75 / 55 15 93
Englische Eichenmöbel des 17. und 18. Jahrhunderts.

Evers Antieke
Bouwmaterialen
De Koumen 58
Hoensbroek 6430 NA
Tel.: 0 45 / 5 22 33 33
Antike Kamine, Türen, Fußböden und Gartenschmuck.

Pieter Hoogendijk
Eemnesserweg 91
Baarn 3740 NA
Tel.: 0 35 / 5 42 04 59
Louis-seize-Antiquitäten und handbemalte Seidenbespannungen.

Luden Antiek & Interieur
Frederikstraat 50-52a
Den Haag 2514 LL
Tel.: 0 70 / 3 61 66 07
Viktorianische Antiquitäten: Tische, Stühle, Schränke und Armoires.

MCM Antiques &
Eccentricities
Joh. Lenartzstraat 5
Oisterwijk 5060 NA
Tel.: 0 13 / 5 28 81 12
Möbel, Skulpturen und dekorative Objekte aus dem 18. bis 20. Jahrhundert.

Ute Middelhoek
Kornewal 4
Buren 4116 ZA
Tel.: 03 44 / 57 21 92
Volkskunst des 18. und 19. Jahrhunderts, Bauernmöbel, Küchenutensilien und alte Wäsche.

Willem Schermerhorn
Korte Lakenstraat 22
Haarlem 2000 NA
Tel.: 0 23 / 5 31 47 70
Antike Kamine und Fußböden.

Van Asperen
Harderwijkerweg 397
Hulshorst 8077 NA
Tel.: 03 41 / 45 32 17
Österreichische, französische und holländische Antiquitäten von 1700–1850.

Ruud van der Neut
Klein Heiligland 43
Haarlem 2000 NA
Tel.: 0 23 / 5 31 72 72
Antike Möbel, Keramik, Fliesen und chinesisches Porzellan.

Johan van der Tak
Oude Groenmarkt 20
Haarlem 2011 HL
Tel.: 0 23 / 5 32 20 08
Englische Möbel aus der georgianischen Zeit, Möbel aus dem 17. bis 19. Jahrhundert.

USA

NEW YORK

Danny Alessandro Ltd
Edwin Jackson Inc.
307 East 60th Street
New York, NY 10022
Tel.: 02 12 / 4 21 19 28
Großes Angebot erstklassiger Kamine, Kaminsimse und Accessoires.

Architectural Paneling Inc.
979 Third Avenue
New York, NY 10022
Tel.: 02 12 / 3 71 96 32
Kamine, Spiegel, Vertäfelung.

Richard B. Arkway
59 East 54th Street
New York, NY 10022
Tel.: 02 12 / 7 51 81 35
Antike Landkarten, Globen, seltene Bücher und Atlanten.

Beauvais Carpets
201 East 57th Street
New York, NY 10022
Tel.: 02 12 / 6 88 22 65
Europäische und orientalische, seltene antike und dekorative Teppiche. Europäische Wandteppiche.

Bernard & S. Dean Levy Inc.
253 East 74th Street
New York, NY 10021
Tel.: 02 12 / 2 88 75 69
Französische und russische Antiquitäten aus dem Empire. Art déco und moderne *objets d'art*.

Laura Fisher / Gallery 84
The Manhattan Art and
Antiques Center
1050 Second Avenue
New York, NY 10022
Tel.: 02 12 / 8 38 25 96
Antike Quilts, Amerikana, Knüpfteppiche, Paisley-Tücher, Schals der Amish, alte Textilien, *folk art*.

Michael Hall Fine Arts Inc.
49 East 82nd Street
New York, NY 10028
Tel.: 02 12 / 2 49 50 53
Europäische und amerikanische Skulpturen aus Bronze, Marmor, Terrakotta, Holz und Elfenbein.

Clinton Howell Antiques
19 East 74th Street
New York, NY 10021
Tel.: 02 12 / 5 17 58 79
Feinste englische Möbel aus dem 17., 18. und 20. Jahrhundert sowie kontinentaleuropäische Objekte.

Galleria Hugo
304 East 76th Street
New York, NY 10021
Tel.: 02 12 / 2 88 84 44
Spezialisiert auf amerikanische Beleuchtung des 19. Jahrhunderts. Beliefert Museen und historische Gebäude.

The Manhattan Arts and
Antiques Center
1050 Second Avenue at 55th Street
New York, NY 10022
Tel.: 02 12 / 3 55 44 00
Großer Antiquitätenmarkt. Möbel, Silber, Uhren, Porzellan, Kronleuchter und Teppiche

Judith und James Milne
506 East 74th Street
2nd Floor
New York, NY 10021
Tel.: 02 12 / 4 72 01 07
Amerikanische *painted furniture* (bemalte Möbel) und *folk art* aus dem 19. und 20. Jahrhundert.

Newel Art Galleries Inc.
425 East 53rd Street
New York, NY 10022
Tel.: 02 12 / 7 58 19 70
Antiquitäten aus der Zeit der Renaissance bis zum französischen Art déco in sechsstöckigem Gebäude.

O'Sullivan Antiques
51 East 10th Street
New York, NY 10003
Tel.: 02 12 / 2 60 89 85
Georgianische und viktorianische Möbel und *objets d'art* aus Irland.

Pantry und Hearth
121 East 35th Street
New York, NY 10016
Tel.: 02 12 / 5 32 05 35
Amerikana und *folk art*, *painted furniture* (bemalte Möbel) und hochwertige Landmöbel aus der Zeit der Pilgerväter bis ins späte 18. Jahrhundert.

Florian Papp
962 Madison Avenue
New York, NY 10021
Tel.: 02 12 / 2 88 67 70
Ausgesuchte englische und kontinentaleuropäische Möbel

aus dem 18. und 19. Jahrhundert, von Designern wie Thomas Chippendale und William Morris.

The Pillowry
132 East 61st Street
New York, NY 10021
Tel.: 02 12 / 3 08 16 30
Gobelins, Aubusson-Wandteppiche, Petit-point-Stickerei, Art déco, Fortuny, Seide, Produkte der Navajo, Kelims, Knüpfteppiche und bestickte Kissen auf Bestellung.

Guy Regal Ltd.
223 East 60th Street
New York, NY 10022
Tel.: 02 12 / 8 88 21 34
Italienische, französische, schwedische und russische Möbel von 1750–1850. Impressionistische Gemälde aus dem 19. Jahrhundert.

Ritter Antik
35 East 10th Street
New York, NY 10003
Tel.: 02 12 / 6 73 22 13
Biedermeierantiquitäten, russische, französische, österreichische und skandinavische Antiquitäten aus dem 16. bis 18. Jahrhundert.

Woodward und Greenstein
American Antiques
506 East 74th Street
(5th floor)
New York, NY 10021
Tel.: 02 12 / 9 88 29 06
Landmöbel, Quilts, Architekturelemente, Töpferwaren und Flickenteppiche.

S. Wyler Inc.
941 Lexington Avenue
New York, NY 10021
Tel.: 02 12 / 8 79 98 48
Antikes englisches Silber, *Sheffield Plate*, antikes Porzellan (englische und chinesische Exportware) und georgianische Glaswaren.

AUSSERHALB VON NEW YORK

The Buggy Whip Antiques
Southfield, MA 01259
(gegenüber der Feuerwehr)
Tel.: 04 13 / 2 29 35 76
Mehr als 98 Antiquitätenhändler, spezialisiert auf Land- und Bauernmöbel.

Gerald Murphy Antiques
60 Main Street South
South Woodbury, CT 06798
Tel.: 02 03 / 2 66 42 11
Englische und amerikanische Möbel, Uhren, Barometer, Keramik- und Glaswaren aus dem 17. bis 19. Jahrhundert.

Salisbury Antiques Center
46 Library Street
(an der Route 44)
Salisbury, CT 06068
Tel.: 08 60 / 4 35 04 24
Klassische englische und amerikanische Möbel, Landmöbel, Gemälde und Silber.

Hartman Saunders Co.
4340 Bankers Circle
Atlanta, GA 30360
Tel.: 04 04 / 4 49 15 61
Authentische Holzsäulen.

United House Wrecking Corporation
Hope Street
Stamford, CT 06906
Tel.: 02 03 / 3 48 53 71
Architekturfragmente aus alten Häusern.

REGISTER

(*Kursiv* gesetzte Seitenzahlen beziehen sich auf Bildlegenden.)

Danksagung der Autoren

Ohne die ansteckende Begeisterung von Caroline Bugler, unserer Lektorin, und die unermüdliche Unterstützung »der beiden Annes« (Fraser und Wilson) wäre dieses Buch niemals entstanden. Auch unserem Verlag Frances Lincoln, der unseren egoistischen Vorschlag auf Anhieb akzeptierte, sind wir zu Dank verpflichtet. Und es läßt sich kaum mit Worten ausdrücken, wie dankbar wir all denen sind, die uns ihre Häuser, ihre Herzen, ihre Kühlschränke und ihre Weinkeller geöffnet haben und es uns erlaubten, ihre Interieurs und Gärten in diesem Buch zu verewigen.

Für die Copyright-Erteilungen danken wir: Julien Green, *Memories of Happy Days* (JM Dent and Sons Ltd © Harper Brothers, New York, 1942). Robert Becker von *Nancy Lancaster* (Alfred A. Knopf, New York, 1996, und das Estate of Nancy Lancaster).

Danksagung des Verlages

Der Verlag dankt Anne Askwith, Ruth Carim und Maggi McCormick für ihre Hilfe bei der Buchproduktion und Helen Baz für das Register.

Cheflektorat Erica Hunningher
Lektorat Caroline Burglar
Lektoratsassistenz Tom Windross
Art Director Caroline Hillier
Bildredaktion Anne Fraser
Produktion Liz Stewart